EL CASTELLANO ES UN IDIOMA LOABLE, LO HABLE QUIEN LO HABLE

Luis Piedrahita

EL CASTELLANO ES UN IDIOMA LOABLE, LO HABLE QUIEN LO HABLE

UN LIBRO SOBRE LA LETRA PEQUEÑA

Diagonal, 662-664, 08034 Barcelona (España)
www.editorial.planeta.es
www.planetadelibros.com

Dirección de arte: Ximena Feijoo Merklen
Diseño gráfico: Estudio Marta Botas
Fotografías: Nines Mínguez
Vestuario: Alegría y Decisión

Primera edición: noviembre de 2012
Depósito legal: B. 27.127-2012
ISBN 978-84-08-02980-9
Fotocomposición: Fotocomposición gama, sl
Impresión y encuadernación: Gráficas Estella, S.L.
Printed in Spain – Impreso en España

El papel utilizado para la impresión de este libro es cien por cien libre de cloro y está calificado como **papel ecológico**

ÍNDICE

3
LETRAS PEQUEÑAS DE LA TECNOLOGÍA

Descacharrantes cacharros

4
LETRAS PEQUEÑAS DE LA BELLEZA Y LA SALUD

Mens sana in culito de rana

5
LETRAS PEQUEÑAS DEL HOGAR

Letras y letrinas

6
LETRAS PEQUEÑAS DE LA INFANCIA
Para divertirse no basta conjugar

7
MISTERIOS DE LA LETRA PEQUEÑA
Enigmas sin revolver

Todo lo que vas a ver en este libro es auténtico: los manuales de instrucciones, los folletos publicitarios, las listas de ingredientes... Todo procede de ese lugar tan poco céntrico y mal comunicado que se llama realidad. Son aberraciones reales que surgen de despistes reales, de malas traducciones reales y de matrimonios reales entre miembros de las mismas familias reales. Y no podemos enfadarnos. La realidad es excéntrica y hay que quererla así, con sus aberracioncitas. Habitamos un mundo donde hay bombones hechos a base de leche y tuercas, tés morunos que esconden saliva entre sus ingredientes o incluso cunas que te aconsejan atar un colegio de abogados cerca del bebé.

La letra pequeña casi siempre sirve para decir cosas insignificantes, mezquinas y muy serias, pero nunca grandes verdades. Si por nosotros fuera, jamás leeríamos la letra pequeña. Cuando la tenemos delante la miramos como el que mira a una anciana en topless: sin ganas y sin fijarnos en los detalles. Ningún lector permanece ahí por gusto. Por eso, hay quienes pensamos que estas pobres letras, hartas de ser ignoradas, aprovechan esa invisibilidad para reordenarse y construir mensajes extraordinarios. Ésa es su manera de protestar pacíficamente. Las letras pequeñas, en vez de quejarse porque nadie las escucha, regalan una perla al que les preste un poquito de atención. A cambio de ese cariño, ellas nos cuentan un secreto: una posibilidad asombrosa de las cosas que nos rodean. ¿Nunca te has encontrado uno de esos tesoros? Eso es que no has mirado bien. Sólo hay que hacer un esfuerzo y buscarlos ahí, donde nadie mira.

Algunas de estas joyas las he encontrado yo mismo y otras me las han enviado amigos de toda España. Está claro que quien tiene un amigo tiene un tesoro, y quien tiene muchos amigos tiene muchos tesoros. Muchas gracias a: Leyre López, Mario Repes Valgañón, María del Carmen Pablo Jiménez, Juan Román Molina, Maria Àngels de Argila Betlleria, Nahuel Tijsi de Giuli Pereira, Óscar Fernández Llopis, Marcelo Galiano Monedero, Verónica Castelló González, Cristina Cuesta Pastor, Luis Piedrahita García, María Piedrahita Cuesta, María Cuesta Pastor, Diana y Carmen, Chema Márquez, Víctor García Asenjo, Daniel Bilbao, Paula Alonso, Antonio Solans, Marta, Javier Arcones Vaquero, Sara Pérez Martínez, Jonathan, Juan Alfredo Parrilla, Álvaro Sánchez Córdoba, Cristina Ruiz, Luna y Harry, Mikel Gamboa, Matías Iván Aguero, Raúl Cañadas Barea, Begoña Garde, Javier Ramoneda Abia, Montse y María José, Manolo López Mendoza, Antonio Carazo Angulo, César Augusto Monlat Begué, Javier Zamanillo, Paula Crespo, Joseba Cargatza, David Sánchez Calafell y Mónica Martínez, María Concepción Pomar, Carmen Sañó, Leire Pascual, Pepa y Juan, Alicia Alonso Fernández de los Ríos, Elena García-Herraiz, Almudena Mata Núñez, Noel Fandiño, María Pérez Sánchez y Luna Moreno, Jordi Guijosa, Cristina Noval, Juan Fernández, Antonio J. Lara, Irene García, Carlos Mullor Sánchez, César M. Tocino, Roi Pazos, Lola Zarza, María del Mar Castillo Solís, Margarita Pardo, Consuelo Vicente, Paula Sempere, Natalia Martín Quintana, José Luis García, Almudena y María del Carmen, Sonia Castro, Natalia Álvarez, a una niña de San Sebastián que conocí presentando un libro en FNAC y al gran Rodrigo Sopeña.

Gracias a todos, futuros miopes, porque sin vosotros este libro no existiría.

PRÓLOGO CONVENCIONAL CON MERECIDOS ELOGIOS

Luis Piedrahita, para satisfacción de su público, vive de las palabras. Es su trabajo, me dirán ustedes. No, no, me refiero a otra cosa... Luis vive de las palabras porque respira palabras, se alimenta de palabras. Es, queda claro, un animal palabraeróbico y palabrófago.

Pero lo peor, o lo mejor, de Luis es esa curiosa predilección por las palabras que se enferman, que adoptan un comportamiento patológico. Es una especie de investigador médico del lenguaje, un palabrólogo. Y también de su metafísica, un palabrósofo.

Y en ese plan, no le importa meter sus manos y sus pensamientos en el magma de despropósitos que se agazapa —viene de "gazapo"— en la letra pequeña, microorganismos hechos de letras que nos acechan a toda hora y en cualquier lugar. Eso le encanta, le proporciona un perverso placer, porque además es un verdadero palabrópata.

Las atrocidades lingüísticas que el autor nos muestra con tanta gracia en envases, etiquetas o instrucciones "aclaratorias" son desopilantes, una carcajada constante. Pero lo mejor de todo esto es el ingenio y la elegancia de los comentarios con que Luis nos presenta todo ese material. ¡Gran nivel, felicidades!

Y ahora, un prólogo especial digno de este libro:

Esto libro tanto amenidad y mucho divertículo, leedor desagota de lleno reír, página atrás de página. El escritorio que hace libro está gran descubriente de errores comediantes y prosa escritorio muy maestrismo. Críticas apareció en otros país:

"I enjoyed this amazing book..."
(MANCHESTER CHRONICLE)
"He enjoyado amasando este libro..."
(MANCHAS CRÓNICAS)

"Ce livre, ravissant et exemplaire..."
(JOURNAL ALLONS ENFANTS)
"Sé libre revisando este ejemplar..."
(SALARIO ALONSO E HIJOS)

"Hoje eu li teu livro, obrigado."
(FOLHA DE S. PAULO)
"Oye, hoy leí tu libro obligado."
(FORNICA DE S. PAULO)

"¡Quanto questo libro e comico! É troppo divertente."
(IL MESSAGGERO ROMANO)
"¿Cuánto cuesta este libro cómico? Las tropas se divierten."
(EL MASAJISTA ROMANO)

MARCOS MUNDSTOCK
Les Luthiers, Argentina

DULCES CON RESTOS DE TUERCAS

SALSA BARBACOA

CONSERVAR EN UN LUGAR FRESCO Y SECO

INGREDIENTES

SANDWICHERAS ELÉCTRICAS

TÉ MORO CON SALIVA

1

LETRAS PEQUEÑAS DE LA ALIMENTACIÓN

*"Ojos que no leen,
paladar que no siente"*

DULCES CON RESTOS DE TUERCAS

Chucherías con cinco vitaminas y hierro, mucho hierro

Las madres, desde sus orígenes, siempre han querido meter vitaminas dentro de sus hijos. El problema es que ellos, que todavía tienen los estómagos esponjosos, sólo quieren comer Bollycaos, gominolas y otros deliciosos venenos. A las madres, entonces, no les queda otra que recurrir al contrabando, y esconden proteínas, minerales y hierro dentro de cosas ricas para colarlas de estraperlo en el organismo de sus hijos. ¡Es monstruoso! Te esconden espinacas en el yogur, coliflor en el helado de fresa, brécol en los sándwiches de Nocilla... Parece mentira, a su edad y trapicheando con proteínas... Un día las pillas:

—Mamá, ¿qué hace este espárrago dentro de mi Bollycao?
—Te juro que no es mío. Se lo estoy guardando a una amiga.

Creo que por ese motivo se han fabricado los bombones *LIQUORICE TOFFEE*, unos deliciosos bombones entre cuyos ingredientes está el **petróleo**. Sí, señora, ese exquisito combustible fósil que da a nuestros hijos la energía que necesitan para pasar el día.

Sin embargo, lo más fascinante de los bombones *LIQUORICE TOFFEE* y *ORANGE CREMES* es que, si seguimos leyendo la lista de ingredientes hasta el final, encontramos una curiosa advertencia: **puede contener rastros de tuercas**.

Ingredientes:
Jarabe de Glucosa, Azucar, Leche Desnatada Condensada Con Azucar, Petróleo Hidrogenado de Palma Kernal, Extracto de Regaliz, Sal, Aromatizantes Naturales, Colorantes: Curcumina, Red No. 40 (Rojo 'Allura'), Blue No: 2 (Indigo Carmin) L'emulsifiant: Glyceryl Monostearate. Este producto puede contener rastros de tuercas.

Puede contener rastros de tuercas y de leche.

¡Petróleo y tuercas!

—Disculpe, señorita... ¿Estos bombones son de chocolate?
—No, son de coche.

He aquí otro ejemplo de alimento delicioso que utiliza la misma artimaña: barquillos. La etiqueta de los cigarettes marca *LA TRINITAINE* dice que, entre sus ingredientes, hay posibilidad de encontrar **huellas de tuercas**.

La huella de tuerca alimenta menos que la tuerca en sí, es como la trufa y el aroma de trufa. Alimenta menos pero es más fácil de tragar.

¡Por fin un alimento que debería alegrar a madres e hijos por igual! Bombones y barquillos que tienen más hierro que las lentejas. Así que ya sabes: si quieres los tomas y si no los dejas.

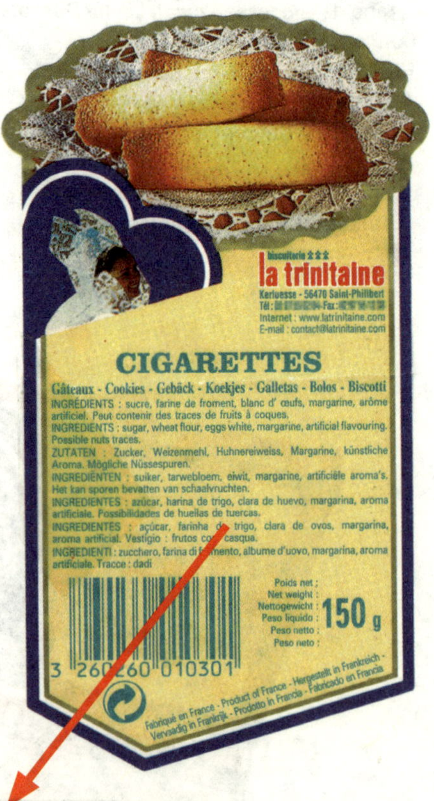

Hay quien dice que esto es una mala traducción de *oil,* que puede ser "petróleo" pero también "aceite"; y de *traces of nuts,* donde *nuts* puede significar "tuercas", pero también "frutos secos". En ese caso, tengan cuidado los alérgicos a los frutos secos, no se lo vayan a comer creyendo que sólo contiene inofensivas tuercas.

SALSA BARBACOA

Aroma que enamora

Mucha gente defiende que para ser feliz hay que preguntar poco. No preguntar jamás, por ejemplo, qué parte del toro es esto que me acabo de comer, qué hay dentro del rollito primavera o qué es esto gelatinoso que flota en la sopa. Lo entiendo pero no lo comparto. No estoy de acuerdo con el dicho: "Ojos que no leen, paladar que no siente." ¿Quién quiere tener un paladar que no sienta? Yo no, lo siento.

Leyendo los ingredientes de la ***SALSA BARBACOA*** de ***McDONALD'S***, nos encontramos un misterioso elemento: **aroma de humo**. ¿Qué es eso de aroma de humo? ¿Dónde se compra el aroma de humo? Nadie dice:

—Niño, baja al incendio de al lado, que se me está acabando el aroma de humo.

Es un condimento peculiar, ¿no? Si lo usas, ¿cómo sabes que no se te está quemando la comida?

—Oye, ¿no os huele un poco a quemado?
—No, he sido yo que he abierto el bote de aroma de humo.

Eso pasa en España. En Portugal la cosa es peor. Allí, a falta de humo, ponen **aroma de fumado**. No sé vosotros, pero yo no querría que mis McNuggets oliesen como el gorro de Bob Marley.

Se ha comentado que aroma de humo podría ser casi una traducción de *smoke flavouring*, que significa "aroma ahumado". Un aroma delicioso y sugerente como el del salmón ahumado, el jamón ahumado o el de las cortinas de la zona de fumadores de un restaurante. Si coges esas cortinas y las hierves, te sale la única sopa prohibida a menores de 18 años.

CONSERVAR EN UN LUGAR FRESCO Y SECO

Por ejemplo, Andorra

Todo. Desde las patatas fritas con sabor a tocinillo de cielo hasta la vacuna contra la rabia, todo lo que ha creado el ser humano ha de conservarse en un lugar fresco y seco. Hablo de cosas creadas por el hombre, no por la naturaleza. Un kilo de patatas naturales, esas de piel marrón sin freír ni embolsar, las dejas en un lugar fresco y seco, y cuando vuelves tienen bracitos. Una vez encontré unas con las extremidades tan hercúleas que se habían hecho tatuajes. Es un peligro porque tres de esas patatas, si quieren, te agarran por el pescuezo, te pelan y se hacen una tortilla contigo. Puede que sea la frase más veces escrita en letra pequeña: "Conservar en un lugar fresco y seco."

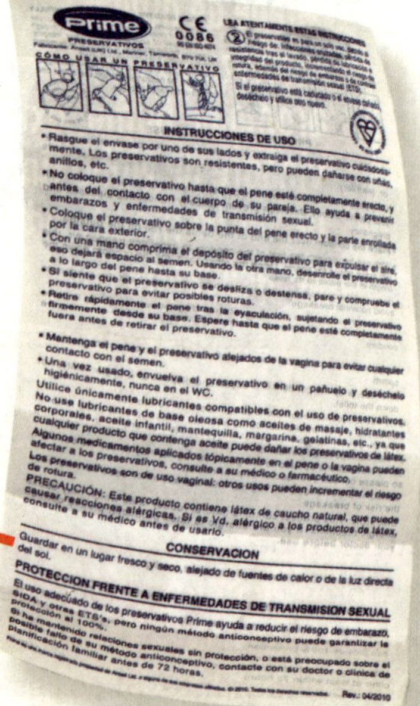

Guardar en un lugar fresco y seco, alejado del sol.

Parece imposible que pueda haber un error. Por eso me quito el sombrero ante el salchichón *PROLONGO*, en cuya etiqueta se lee: **Conservar en lugar fresco y queso**.

CONSERVAR EN LUGAR FRESCO Y QUESO
PRODUCTOS SOMETIDOS A DESECACIÓN

Para mí que están haciendo publicidad subliminal de otro producto de la casa *PROLONGO*.

Sin embargo, de todos los productos que ha creado el ser humano y que han de guardarse en un lugar fresco y seco, hay uno que me llama especialmente la atención: los preservativos. Da igual de qué marca sean, en todas las cajas pone "Conservar en un lugar fresco y seco". Y, la verdad, para lo que los quiero yo, ni lo uno ni lo otro.

INGREDIENTES

La belleza está en el interior, y el horror también

Los alimentos alimentan y los ingredientes de composición los componen, valgan las redundancias. El problema es que esos ingredientes de composición pueden serlo también de descomposición. Veamos unos ejemplos. He aquí una deliciosa ensaimada marca *ALIPENDE* entre cuyos ingredientes leemos que **puede**

contener: trazas de soja, sesamo, avena y **caca**. Vaya, qué desagradable sorpresa, ¿no? ¡Avena!

Aunque quizá sea peor este sándwich de pollo, de venta en gasolineras, entre cuyos ingredientes están el **vino de oporto** y el **whisky**.

Un peligro, la verdad, ya que sin comerlo ni beberlo —o sólo con comerlo— uno puede dar positivo en un control de alcoholemia. Todos sabemos, además, que mezclar nunca sienta bien. Whisky, vino de Oporto y pollo me parece un combinado especialmente peligroso.

Ingredientes: Pan de molde (harina de trigo, agua, levadura, grasa vegetal, sal, emulsionante E-472e, E-481, E-471, conservante E-282, azúcar, vinagre, corrector de la acidez E-341i, harina de haba), relleno de pollo 38% (carne de pollo 48%, Salsa (aceite vegetal, agua, azúcar, vinagre de vino, yema de huevo pasteurizada, almidón de patata, vino de oporto, whisky, sal, extracto de levadura, conservador: E-202, estabilizante: E-415)), lechuga y margarina.
Contiene huevo. lactosa. soia v gluten. Puede contener trazas de sésamo.

He aquí otra mezcla terrible: una chapata de pollo y queso entre cuyos ingredientes leemos que **puede contener: trazas de Soja, Crustaceos, huevo, pescado, cacahuetes, frutos secos, apio, mostaza, sesamo y/o derivados**.

Hay paellas que no son tan completas. No parece un sándwich, parece un menú del día con tres primeros a elegir, tres segundos, pan y postre. Sólo faltaría un café y así podríamos mojar la ensaimada Alipende.

CHAPATA POLLO Y QUESO

REDIENTES: Pan 57% (Harina de trigo,sal ... soja,dextrosa,aromas, ...
de centeno tostada), Fiam... E-415),potenciador de sabor (E-621),Conservadores
animal ... E-202),antioxidantes (E-316,E-331i)),Queso Edam 13%,(leche,fermentos
lacticos,cloruro calcico,cuajo,B-caroteno (E-160e),sal).
Contiene Gluten,Leche y/o derivados.
... trazas de Soja,Crustaceos,huevo,pescado,cacahuetes,frutos
secos,apio,mostaza,sesamo y/o derivados.

Nada de lo que hemos visto supera la aberración de este sencillísimo bollo de pan redondo que incluye entre sus ingredientes **2 alas de gallina**.

¡Santo Dios! ¡Dos alas de gallina! Ya lo dice el refrán: a falta de pan, buenas son tórtolas. Lo malo es que si vas al parque y se lo echas a las palomas para que se lo coman, ¡eso sería canibalismo! No sé; pensándolo bien, puede que tenga su lógica. De toda la vida se sabe que el pan es el cuerpo de Cristo, eso está escrito. Está escrito ahí, en los sitios donde están escritas las cosas. Está escrito que el pan es el cuerpo de Dios y que el Espíritu Santo era una paloma, por lo tanto no nos puede sorprender encontrar en los bollos de pan trazas de alpiste, picos, plumas y hasta dos alas de gallina.

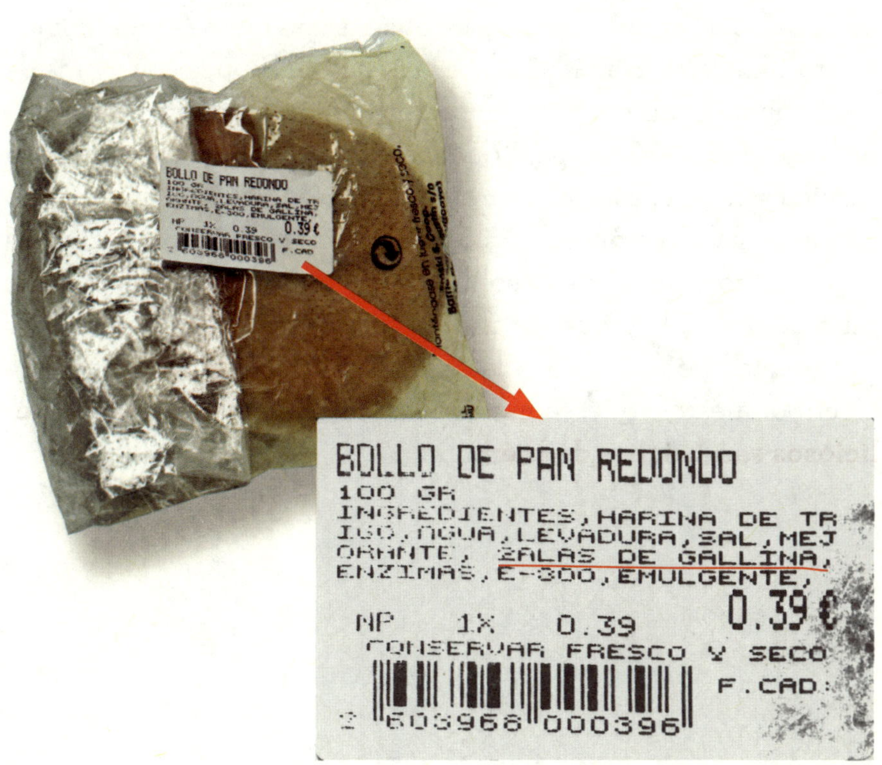

SANDWICHERAS ELÉCTRICAS

Cajas de Pandora de alimentación infantil

En apartados anteriores hemos hablado de cómo las madres tienen que disfrazar las lentejas para que comamos algo de hierro. Yo me las he comido en puré, en croquetas, en yogur, en cucuruchos de helado y hasta dentro del algodón de azúcar. Se han dado casos de madres que, obsesionadas con que sus hijos coman hierro, han llegado a meterles las lentejas en la boca con ayuda de un embudo mientras el niño duerme, luego le mueven las mandíbulas, arriba y abajo, para que mastique bien, y finalmente, con cariño de madre, aspiran por el ano para que el bolo alimenticio llegue hasta el estómago. Es una operación delicada y, al igual que cuando extraemos gasolina de un coche chupando por un tubo de goma, hay que ser muy cuidadoso con la succión. Para evitar estas penurias llega la sandwichera *BRAVO*, un pequeño electrodoméstico que, según podemos leer en la caja, **realiza deliciosos sándwiches de acero**.

Está bien que los niños coman hierro. Es bueno para ellos y para los dentistas, que tienen las consultas abarrotadas de niños mellados. Sin embargo, es mucho mejor, señora, el acero inoxidable, que, además de hierro, también tiene antioxidantes. Alimente a su hijo con estos deliciosos sándwiches de acero y verá cómo crece sano, fuerte y mellado, como un político de la Transición.

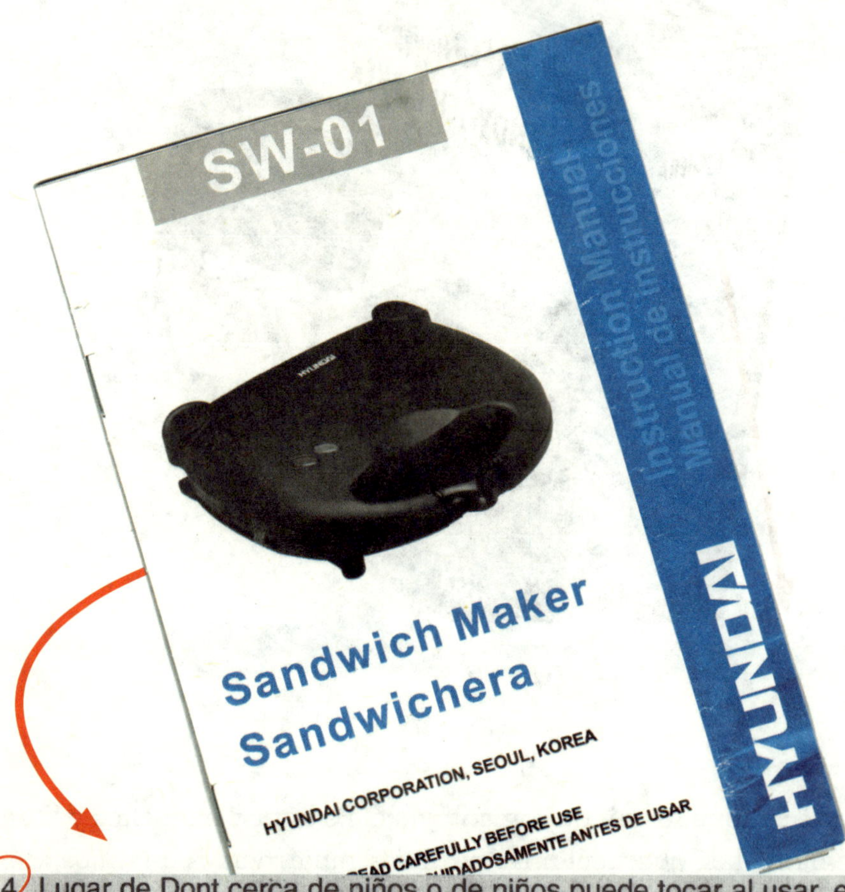

4. Lugar de Dont cerca de niños o de niños puede tocar al usar, el don't permite a niños lo funciona !
5. Dont abre el armario de la manija al usar! Uso de Don't él sin cualquier supervisión!
6. Dont funciona la aplicación con una cuerda o enchufe o se cae o se daña dañado de cualquier manera. Vuélvalo a la facilidad autorizada del servicio para la examinación, reparación o ajuste eléctrico o mecánico.

Está bien que los niños coman sándwiches de acero, pero con moderación. He aquí las salvaguardas que aparecen en el manual de instrucciones de la sandwichera *HYUNDAI*.

4. Lugar de Dont cerca de niños o de niños puede tocar al usar, el don't permite a niños lo funciona!

Se puede decir más alto pero no más raro. ¿Qué es eso de que el Dont permite a los niños o niños funcionar no sé qué cosa? Un niño que se ha alimentado de sándwiches de acero no debería acercarse jamás a un aparato electrónico, que lo puede cortocircuitar. Lo dice clarísimamente en el punto 6, creo.

6. Dont funciona la aplicación con una cuerda o enchufe o se cae o se daña dañado de cualquier manera. Vuélvalo a la facilidad autorizada del servicio para la examinación, reparación o ajuste eléctrico o mecánico.

No sé muy bien qué quiere decirnos la sandwichera Hyundai en su manual de instrucciones, no queda muy claro. Habla de niños, enchufes, cuerdas, daños y electricidad, así que no creo que sea nada importante. Antiguamente los anuncios sugerían que comiéramos sándwiches de foie-gras para tener músculos de acero. Ahora los niños comen sándwiches de acero y tienen músculos de miga de pan y foie-gras. A lo mejor eso les hace inmunes a la electrocución, ahorcamientos y daños.

TÉ MORO CON SALIVA

Con saliva te enamoro

Cuando decimos que se nos hace la boca agua es una forma de hablar. En realidad no es agua, es saliva, que es mucho mejor. La saliva es un liquidillo prodigioso. Sirve para pegar sellos, cerrar sobres, hacer pompas... Sirve para chuparse una mano, olerla y saber a qué huele un muerto. Sirve para pasar páginas, escupir desde una ventana, apagar velas, dar muestras de ADN... Si es usted madre, sirve para limpiarle la cara a un hijo en el parque e incluso para enhebrar una aguja. Sin embargo, en Occidente se nos escapa un uso de la saliva: hacer té. He aquí un té moro de la marca ***SULTÁN*** que incluye la **saliva** como uno de sus ingredientes.

Una de dos: o Marruecos está ya tan desértico que en vez de agua hierven saliva, o alguien ha escupido ahí. Sea cual sea la razón, yo leo los ingredientes de este té y se me hace la boca agua.

Ingredientes : Té verde, menta, saliva.

Casi puedo asegurar que se trata de un error en el deletreo de la palabra "salvia". Se deduce viendo que los ingredientes de este preparado, descritos en otros idiomas, no incluyen la baba como uno de sus elementos y sí la salvia. La "v" baila con la "i" y pasa lo que pasa, como tantas veces entre los jóvenes: uno empieza equivocando las plantas aromáticas y acaba intercambiando saliva.

CUCHILLA DIAMANTE

LA CACHIMBA DE LA RISA

TAMAGOTCHI

PEQUEÑA LETLA CHINA

ABRELATA MARIPOZA

PIZZA KEBAB

PEQUEÑAS LETRAS INTERNACIONALES

2

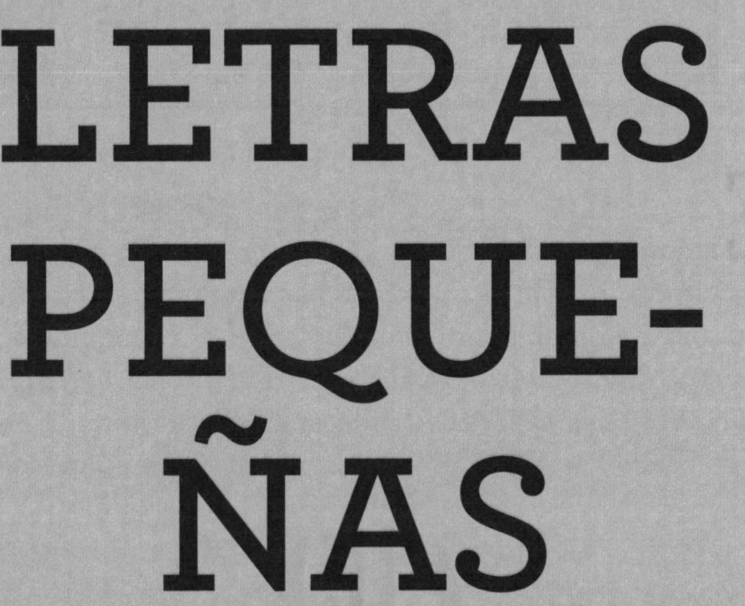

LETRAS PEQUEÑAS DEL MUNDO

"Allí, donde el sol se pone como un punto sobre una 'i'"

CUCHILLA DIAMANTE

No digas diamante, di amante

Estudiar la letra pequeña es tan absurdo como tener un pisapapeles de hielo. No sólo tiene poco futuro sino que, tarde o temprano, uno acaba perdiendo los papeles. He aquí la cuchilla Diamante *CHEN.DA*, de *CHEN.DA*. Muchos dirán: ¿quién es *CHEN.DA*? Pues *CHEN.DA* es la única empresa de la Historia que ha osado hacerle espionaje industrial al Chapulín Colorado.

¡El logotipo comercial de esa marca es igual al símbolo que tiene el Chapulín cosido en el pecho! Y más cosas... Para escribir el manual de instrucciones contaron con un traductor, pero no contaron con su astucia.

1. Take el tapon y suministro petroleo usando el adjunto jeringa. (Tenga cuidado de no perder cualquier parte como el petroleo Tronzadora es hecho a un especial strutucture)
2. Loosen el tope de la parte superior un little.Use la Tronzadora afert asegurarse que el petroleo es suministrada a la rodillo. (Gire el rodillo en un documento un poco para ver si el petro leo lineas aparece en el documento)

A ver quién es capaz de entender el punto 1...

1. Take el tapon y suministro petroleo usando el adjunto jeringa. (Tenga cuidado de no perder cualquier parte como el petroleo Tronzadora es hecho a un especial strutucture)

Es increíble que alguien haya comprado este producto y haya conseguido hacer algo con él. He llegado a la conclusión de que este aparato es, realmente, un test de inteligencia. Si un señor entiende qué hay que hacer con la cuchilla Diamante, estará capacitado para dirigir toda una nación. Es triste, pero a lo mejor uno está perdiendo el tiempo cortando cosas con una cuchilla Diamante cuando podría estar sacándonos de esta crisis de valores en la que nos hallamos. Yo le votaría.

Use la Tronzadora afert asegurarse que el petroleo es suministrada a la rodillo. (Gire el rodillo en un documento un poco para ver si el petro leo lineas aparece en el documento)

¿Ininteligible? No para un hombre con idiomas, capacitado para gestionar documentos, petróleo y tronzadoras. Yo daría mi voto sin dudarlo a alguien que, con mano firme y mirada penetrante, como de cuchilla Diamante, supiera enfrentarse a gobernantes de otras naciones y ponerlos en su lugar. Y ¿dónde está el lugar de un gobernante? ¿Cuál es su función? Pues depende...

lugar un gobernante sobre la cara posterior junto al limite, y empuje ambos extremos para dividir (usando el gobernante comouna palanca)

Claro. Como es un **gobernante** mundial, es importante usarlo **como una palanca**. Ya dijo Arquímedes que, con una palanca y un punto de apoyo, se podía mover el mundo. Y ¿con qué objetivo? Pues para **dividir** tendencias de **ambos extremos**, o sea, de izquierdas y derechas, siguiendo la consigna de Julio César "divide y vencerás". Todo el lenguaje político aparece de forma un tanto críptica, pero lógicamente no pueden poner las claves de la

4. Put the glass being cut on both ends,bend and pull to both sides.
5. Para gruesas placas, lugar un gobernante sobre la cara posterior junto al limite,y empuje ambos extremos para dividir (usando el gobernante comouna palanca)

GRUPO CHEN.DA S.L
CIF:B82421504
REF:20278
8 590165 202781
MADE IN CHINA

política mundial con lenguaje sencillo dentro de un artículo de bazar chino.

Los humildes ciudadanos compramos la cuchilla Diamante para cortar esto y aquello. Eso es lo que ellos esperan que hagamos. Por el contrario, nuestros futuros gobernantes, las altas esferas, salen del Todo a Cien con instrucciones precisas, sabiendo de inmediato qué hacer para dominar el mundo. Algún día, en las cumbres internacionales, los supergobernantes, vestidos con serios pijamas del color de su bandera, luciendo logotipo de *CHEN.DA* tatuado en el pecho y antenitas, se sentarán en reuniones y dictarán con sabiduría y elocuencia los designios de nuestra nación.

Alguno dirá que ese panorama es una estupidez, y no le faltará razón. Pero una cosa es segura: no iba a ser peor que lo que tenemos y, a cambio, iba a ser más divertido.

LA CACHIMBA DE LA RISA

Fumar perjudica tronchantemente la salud

He aquí las instrucciones de una cachimba. Se trata de una pipa de agua para que la gente pueda fumar lo que quiera: tabaco saborizado, hierbas del campo o anchoas del Cantábrico. Esto último es lo que debió de fumarse la persona que redactó la nota que describe el uso del cacharro.

Empieza diciendo: **Explicación árabe del producto del humo del agua**. Es un título insuperable para las instrucciones de una cachimba. Es casi sabiduría Jedi.

Sin embargo, lo que más me llama la atención de esta etiqueta es lo que viene después, cuando dice que **la nación árabe, tenía 500 Anos de historia particularmente**. ¡500 anos! Ésos son muchos anos. Piensa en la cantidad de cosas que te puedes traer de Marruecos con 500 anos. No vale la pena facturar. Lo llevas todo como equipaje de ano.

La etiqueta entera no tiene desperdicio. Sólo se me ocurren dos teorías capaces de explicar esta breve introducción a la cachimba: o bien la escribió el propio Yoda, o bien el que la escribió se fumó previamente un neumático de tractor. Ambas teorías son complementarias y no descartables, y lo más seguro es que lo haya escrito el propio Yoda después de haberse fumado los neumáticos de un volquete camión.

Explicación árabe del producto del humo del agua
La fuente en el humo árabe del agua del gusto de la fruta de la nación, es el mundo que los países multitudinous son muy populares la salud muy irritable para fumar la manera, la nación árabe, tenía 500 Anos de historia particularmente. Porque es básico no contiene la nicotina, también tiene la fruta rica a ser fragante, ahora ha hecho la más nueva manera del costo.

CE

ITEM NO:6702 1SET/BOX
IMPORT:
JIN MINE INTERNATIONAL S.L
B.82917436 SPAIN MADRID

8 838945 867028

TAMAGOTCHI
Animal imaginado

Según un reciente informe de una universidad americana, el hombre está hecho a imagen y semejanza de Dios. Eso quiere decir que somos buenos y que nuestro corazón es un motor de amor que expulsa nubecitas rosas de cariño. Por eso necesitamos criaturas a las que amar, tales como mascotas, cónyuges y tamagotchis. Cuando alguien tiene la necesidad de sentirse pío, saca de su jaula a la mascota, el tamagotchi o el cónyuge, le hace unos mimos y ya está.

Éste es un tamagotchi encontrado en un bazar chino del centro de Madrid.

El aparato se llama *ANIMAL IMAGINADO* y se vende con seductoras frases promocionales como: **¡Mira, tenemos los hijos.**, **¡Estamos amorado** o **¡Debo salir, el mundo bueno es hermoso**.

Es hermoso, sí, pero sólo para los niños. Si uno se fija, detrás del paquete viene una advertencia terrorífica: **La electrificacion solo se aplica los adultos**.

Yo creo que estas advertencias las escribió un adulto al que le estaban aplicando la electrificación o, al menos, unos calambres mínimamente molestos. Así se explica la siguiente advertencia: **No deje a los niños menor que 36 meces tocar las pilas, las chuales contienen minima elemento que molesta**.

-La electrificaclon solo se aplica los adultos.
-No deje a los niños menor que 36 meces tocar las pilas, las chuales contienen minima elemento que molesta.

Entiendo que tengamos los hijos y entiendo que haya gente que esté amorada. Lo que no entiendo es que alguien diga que el mundo bueno es hermoso mientras haya países en los que se sigue aplicando la electrificación a los adultos.

PEQUEÑA LETLA CHINA

El pelo de San Loque

Los chinos no pronuncian la erre. ¿Por qué? No se sabe. Han conseguido llegar hasta España, se han aprendido nuestro sistema legislativo y son capaces de soportar jornadas laborales de 23 horas al día sin perder la sonrisa, pero lo de la erre no. Por ahí no pasan.

Entiendo que no la puedan pronunciar. Puede que su aparato fonador esté hecho de nervios más largos, tendones más rígidos o glándulas poco permisivas con las erres. Lo que no entiendo es que no las escriban. Aquí tenemos dos muestras de ello: una cuchara para helados y un tique de caja. En el paquete de la cuchara han escrito **cuchala** para helados.

¿Qué les costaba ponerlo con erre? Si lo saben hacer, fíjate como al lado han puesto "para" y no "pala"... La verdad es que comer helado con una pala no sería tanto de los chinos como de los americanos.

EMC
CUCHALA PARA HELADOS

Otro ejemplo es este tique de caja por la compra de papel de regalo en el que se lee **papede legalo**.

CENTER PL A
POLIGONO AMATE 1
41007 - SEVIL
CIF:X-389269 -N

Descripcion	Precio	Impte.
1 PAPEDE LEGALO		
1 CISI	0,60	0,60
1 VARIOS	2,00	2,00
1 VARIOS	1,00	1,00
1 VARIOS	1,10	1,10
1 AURICULAR 5M	2,00	2,00
1 VARIOS	0,80	0,80
1 VARIOS	1,50	1,50
1 PARASOL DE COCH	3,80	3,80
	3,50	3,50

Importe ticket : 16,30
EFECTIVO FACT. : 16,30

Yo me pregunto... ¿Se puede regalar papel de regalo? Imagina que estás en la tienda, ves un estupendo papel de regalo y dices: "Jo, vaya papel. Para mí no, pero para un regalo...":

—Oiga, ¿me pone dos plieguitos de papel para regalo?
—¿Quiele que gualde en bolsa?
—No, envuélvamelo para regalo.
—¿Pala legalo? ¡Qué lalo! Usted homble estlambótico, pintolesco y lidículo. ¿Pol qué no legala mejol gato dolado que llama a la puelta etelnamente?

En este apartado hemos aprendido que, para los orientales, las palabras que contienen eles y erres son especialmente difíciles. Por eso me quito el sombrero ante los chinos que escribieron, con total corrección, la palabra "abrelata" en la página siguiente...

ABRELATA MARIPOZA

Qué coza tan precioza

PIZZA KEBAB

Todo mata y todo engorda

Nadie sabe qué animal es el que está pinchado en la barra del kebab. Unos dicen que es ternera, otros que es pollo. Por el aspecto podría ser una boa que se ha tragado una ternera, un pollo o incluso un oso hormiguero. Lo único que sabemos de ese animal es que debe de crecerle el pelo muy rápido, porque le pasan una afeitadora eléctrica cada dos por tres. Sabemos tan poco acerca de eso que está allí pinchado que hasta podría ser carne de animales mitológicos como el topomono de Fuengirola, una rarísima alimaña que habita en todas las ciudades de España cuyo nombre no tiene ninguna letra en común con la palabra "Fuengirola".

En Alicante, ciudad libre de topomonos, hay una pizzería-kebab en la que todos los platos están elaborados a base de animales inventados.

Por ejemplo, la famosa pizza **procuto**, la número 3, que tiene ingredientes como **tomate**, **queso** y **jaman de pero**. No sé lo que es el jaman de pero. Sólo espero que sea un animal inventado y no hayan querido poner jamón de perro. Más adelante nos presentan la pizza **kebap ternera**, la número 7, entre cuyos ingredientes encontramos **tomate**, **quesa**, **corne** y **polo**. Tiene de todo... menos ternera. Otra opción es la pizza **fruti de more**, la 16, elaborada a base de auténticos monstruos marinos tales como **megillones**, **almajas**, **gombas** y **calumores**. Parecen los nombres de aquella

3. Procuto 7,00€ 10,00€
(Tomate, Queso, Jaman de pero)

7. Kebap Ternera 6.00€ 9.00€
(Tomate, Quesa, Corne, Polo)

16. Fruti de more 8,00€ 11,00€
(Tomate, quesa, megillones, almajas, gombas, calumores)

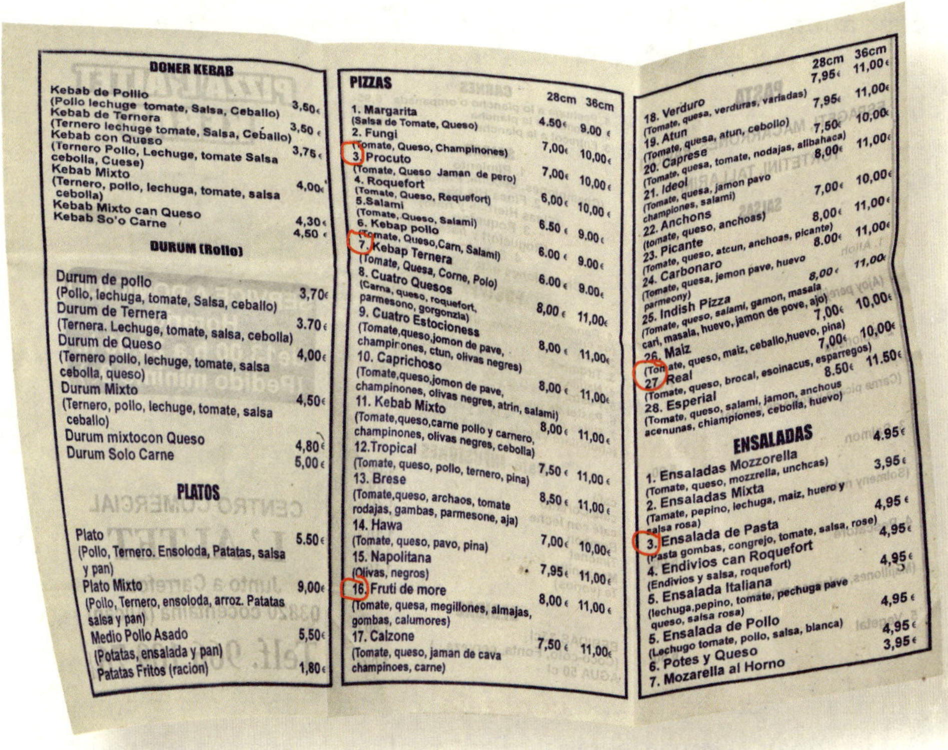

DONER KEBAB

Kebab de Pollio
(Pollo lechuge tomate, Salsa, Ceballo) 3,50€
Kebab de Ternera
(Ternero lechuge tomate, Salsa, Ceballo) 3,50€
Kebab con Queso
(Ternero Pollo, Lechuge, tomate Salsa cebolla, Cuese) 3,75€
Kebab Mixto
(Ternero, pollo, lechuga, tomate, salsa cebolla) 4,00€
Kebab Mixto can Queso 4,30€
Kebab So'o Carne 4,50€

DURUM (Rollo)

Durum de pollo
(Pollo, lechuga, tomate, Salsa, ceballo) 3,70€
Durum de Ternera
(Ternera. Lechuge, tomate, salsa, cebolla) 3.70€
Durum de Queso
(Ternero pollo, lechuge, tomate, salsa cebolla, queso) 4,00€
Durum Mixto
(Ternero, pollo, lechuge, tomate, salsa ceballo) 4,50€
Durum mixtocon Queso 4,80€
Durum Solo Carne 5,00€

PLATOS

Plato 5.50€
(Pollo, Ternero. Ensoloda, Patatas, salsa y pan)
Plato Mixto 9,00€
(Pollo, Ternero, ensoloda, arroz. Patatas salsa y pan)
Medio Pollo Asado 5,50€
(Potatas, ensalada y pan)
Patatas Fritos (racion) 1,80€

PIZZAS 28cm 36cm

1. Margarita
(Salsa de Tomate, Queso) 4.50€ 9.00€
2. Fungi
(Tomate, Queso, Champinones) 7,00€ 10,00€
3. Procuto
(Tomate, Queso Jaman de pero) 7,00€ 10,00€
4. Roquefort
(Tomate, Queso, Requefort) 6,00€ 10,00€
5.Salami
(Tomate, Queso, Salami) 6.50€ 9.00€
6. Kebap pollo
(Tomate, Queso,Carn, Salami) 6.00€ 9.00€
7. Kebap Ternera
(Tomate, Quesa, Corne, Polo) 6.00€ 9.00€
8. Cuatro Quesos
(Carna, queso, roquefort, parmesono, gorgonzla) 8,00€ 11,00€
9. Cuatro Estocioness
(Tomate,queso,jomon de pave, champinones, ctun, olivas negres) 8,00€ 11,00€
10. Caprichoso
(Tomate,queso,jomon de pave, champinones, olivas negres, atrin, salami) 8,00€ 11,00€
11. Kebab Mixto
(Tomate,queso,carne pollo y carnero, champinones, olivas negres, cebolla) 8,00€ 11,00€
12.Tropical
(Tomate, queso, pollo, ternero, pina) 7,50€ 11,00€
13. Brese
(Tomate,queso, archaos, tomate rodajas, gambas, parmesone, aja) 8,50€ 11,00€
14. Hawa
(Tomate, queso, pavo, pina) 7,00€ 10,00€
15. Napolitana
(Olivas, negros) 7,95€ 11,00€
16. Fruti de more
(Tomate, quesa, megillones, almajas, gombas, calumores) 8,00€ 11,00€
17. Calzone
(Tomate, queso, jaman de cava champinoes, carne) 7,50€ 11,00€

28cm 36cm
7,95€ 11,00€
18. Verduro
(Tomate, quesa, verduras, variadas) 7,95€ 11,00€
19. Atun
(Tomate, quesa, atun, cebollo) 7,50€ 10,00€
20. Caprese
(Tomate, quesa, tomate, nodajas, allbahaca) 8,00€ 11,00€
21. Ideol
(Tomate, quesa, jamon pavo championes, salami) 7,00€ 10,00€
22. Anchons
(tomate, queso, anchoas) 8,00€ 11,00€
23. Picante
(Tomate, queso, atcun, anchoas, picante) 8.00€ 11,00€
24. Carbonaro
(Tomate, quesa, jemon pave, huevo parmeony) 8,00€ 11,00€
25. Indish Pizza
(Tomate, queso, salami, gamon, masala cari, masala, huevo, jamon de pove, ajo) 7,00€ 10,00€
26. Maiz
(Tomate, queso, maiz, ceballo,huevo, pina) 7,00€ 10,00€
27. Real
(Tomate, queso, brocal, esoinacus, esparregos) 8.50€ 11.50€
28. Esperial
(Tomate, queso, salami, jamon, anchous acenunas, chiampiones, cebolla, huevo)

ENSALADAS

4.95€
1. Ensaladas Mozzorella
(Tomate, queso, mozzrella, unchcas) 3,95€
2. Ensaladas Mixta
(Tamate, pepino, lechuga, maiz, huero y salsa rosa) 4,95€
3. Ensalada de Pasta
(Pasta gombas, congrejo, tomate, salsa, rose) 4,95€
4. Endivios can Roquefort
(Endivios y salsa, roquefort) 4,95€
5. Ensalada Italiana
(lechuga,pepino, tomate, pechuga pave queso, salsa rosa) 4,95€
5. Ensalada de Pollo
(Lechugo tomate, pollo, salsa, blanca) 4,95€
6. Potes y Queso 3,95€
7. Mozarella al Horno

27. Real 7,00€ 10,00
(Tomate, queso, brocal, esoinacus, esparregos)

3. Ensalada de Pasta 4,95€
(Pasta gombas, congrejo, tomate, salsa, rose)

ensalada de mariscos que se enfrentó a Jack Sparrow en *Piratas del Caribe*. Menos mal que aún no se ha inventado el cine con olor, porque un barco lleno de mariscos-pirata podridos no debe de oler nada bien. Todo el mundo habla de Felipe III y de que luchó contra moriscos y berberiscos. Eso no es nada; que luche contra mariscos y berberechos como Jack Sparrow, a ver si es tan valiente. Bueno, no nos distraigamos del tema... La pizza de bestias marinas siempre plantea una duda: ¿con qué salsa la acompaño? Yo recomendaría la salsa número 4, la **pescatore**, con deliciosos **majillones**, **calagor** y **remate**, que no sé lo que son, pero también suenan a criaturas del mar.

De postre tenemos algunas opciones igual de misteriosas: la número 1, **panacotn**, que puede ser de **cnecolote**, **corameto** y **freso**; o si no, **balas de helado con sirupe**, que pueden ser de **chonotare valnile** y **frasa nota**. Buen provecho. Por cierto, ¿qué desean para beber: **Coco-colo** o **Fonta**?

He resaltado solamente algunos de los misterios de esta carta. Quedan joyas para investigar. Si buscas bien encontrarás una ensalada de pasta hecha con **congrejo** (esa criatura mitad cangrejo, mitad conejo) o una deliciosa pizza **real** elaborada con alimentos tan reales como **esoinacus** y **brocal**.

4. Pescatore **6,00€**

(Majillones, calagor y remate)

PIZZA L'ALTET KEBAB

PASTA

ESPAGETI, MACARRONES, RAVIOLI
TORTETINI, TALLARINI

SALSAS

1. Alioh 4,50€
(Ajoy perejil)

2. Bolonesa 7,00€
(Carne picada y soisa de remate)

3. Salmon 5,00€
(Solmeny nota)

4. Pescatore 6,00€
(Majillones, calagor y remate)

5. Vegetal 6,50€

CARNES

1. Pechuga a lo plancho o ompanada 6,95€
2. Soiomilla a la plancha 7,50€
3. Entrecot a la planche 10,95€

SALSAS

1. Pimiento
(Championes, cebolla, Piment y nata)
2. Finas His,bas
(Finas Hierbas y nato)
3. Roquefort
(Roguefort y nato)
4. Spinxic
(Chmapiones nato y coloronte)

POSTRES

1. Panacotn 2,95€
(de cnecolote, corameto, freso)
2. Flan 2,95€
3. Tiromisd 3,95€
4. Natillas 2,50€
5. Postre de la casa 4,50€
6. Pastel de limon 2,50€
7. Balas de Helado con sirupe 2, 50€
(chonotare valnile y frasa nota)

Café- INFUSIONES

café 1,00€
café Cortado 1,10€
café con leche 1,20€
Bombon 1,20€
Timonet 1,10€
Manzanilla 1,10€
Te (vorios) 1,10€

BEBIDAS

BEBIDAS 33cl 1,50€
(Coco-colo, Fonta, cerveza...)
AGUA 50 cl 1,00€

PIZZA L'ALTET KEBAB

SERVICE A DOMICILIO
Horario:
de13,00 h.a 24,00 h.
(Pedido minimo 9€)

CENTRO COMERCIAL
L' ALTET
Junto a Carrefour
03820 cocentaina (Alican)
Telf.

1. Panacotn **2,95 €**
(de cnecolote, corameto, freso)

7. Balas de Helado con sirupe **2, 50€**
(chonotare valnile y frasa nota)

BEBIDAS 33cl **1,50 €**
(Coco-colo, Fonta, cerveza...)

Siempre intento encontrar una explicación a cada desmán lingüístico, pero aquí, sinceramente, no he sido capaz. Sólo se me ocurre que un ilusionado hostelero, alguien con poco conocimiento de español, inmigrante seguramente, haya entrado en la imprenta de su barrio con un papel de libreta escrito a boli y muy buenas intenciones. El problema es que allí dentro se encontró con un cretino:

—Hola, querría hacer carta para restaurante. Pizza Kebab. Sueño toda mi vida. Estos platos.

—¿Estos platos? Vale. Allá usted.

—¿Por qué dice usted "Allá usted"? ¿Algo mal en carta?

—No, no, qué va. Está perfecto. ¿Qué pone aquí? ¿Calumores?

—Sí, calumores. Son cefalópodos pequeños. ¿Algo mal? ¿Algo no correcto?

—No, no, todo perfecto. Claro, calumores, no sé en qué estaría pensando. Yo te lo hago. Son 3.000 euros... por adelantado. Si quieres te lo puedo hacer sin factura, que te ahorras el IVA y se te queda en 3.500. Te interesa más.

—Pero... no entiendo...

—Te interesa, hazme caso.

PEQUEÑAS LETRAS INTERNACIONALES

Cada país es un mundo

Los países, como todos sabemos, son esas manchas de colores que el hombre ha pintado en el suelo del mundo porque no le gustaba el color que había. Es una cosa pintoresca pero que sólo nos afecta a nosotros. Un gorrión español, por ejemplo, puede estar bebiendo de un charco francés sin saber que esos tíos nos vuelcan la fruta. Una medusa tailandesa puede picarte en Camboya sin temor a represalias y un salmón noruego puede desovar en Suecia sin preocuparse del empadronamiento. Si eres humano es todo mucho más difícil. ¿Por qué? Porque cambian las leyes. Cambian todas. Desde la ley de la gravedad hasta las leyes de Mendel, pasando por la ley de Murphy y los principios universales de la termodinámica...

Todo varía si pasas de un país a otro. Para muestra, un yogur de plátano... Según su etiqueta, la temperatura a la que debe conservarse el yogur es distinta en España que en Portugal. En España, entre **1 °C** y **8 °C**; y en Portugal, entre **1 °C** y **6 °C**.

¿Qué pasa: que los grados de los portugueses están más calentitos que los de los españoles? Puede que tengan grados más agradables, puede que el punto de ebullición de su agua ronde los 93 agradabilísimos grados y que a 0 grados no se congelen, pero las pieles de sus caras son de peor calidad que las españolas...

He aquí un gel facial purificante masculino de la marca *LES COSMETIQUES* en cuyas instrucciones podemos leer que se aplica una o dos veces por semana, mientras que, en esa misma caja, la explicación en portugués dice que conviene aplicarlo dos o tres veces por semana.

Una de dos: o es que los portugueses necesitan echarse crema con mayor frecuencia para estar guapos o es que nosotros tenemos la cara más dura. Lo que no tiene explicación es lo de los dientes de los niños chilenos. He aquí un dentífrico que en Chile, y sólo en Chile, es únicamente para niños mayores de seis años.

Los menores no pueden lavarse los dientes y tienen un aliento que espanta a los buitres. Se han dado casos de abuelas que se niegan a que sus nietos les den besos, y por ello la frontera se llena de niños de cuatro y cinco años que salen del país para lavarse los dientes en la clandestinidad y así poder besar a sus abuelitos a cambio de regalos de cumpleaños. Yo no he estado nunca allí, pero me imagino ese panorama desalentador. De hecho, cuanto menos aliento haya, mucho mejor.

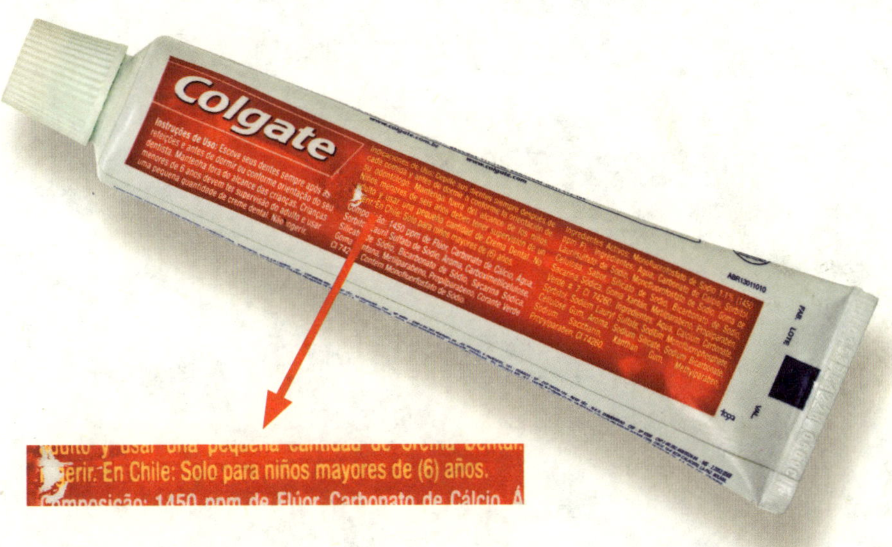

Los países son ese invento tan colorido y pintoresco que sirve para que los grados del sol no sean iguales en un sitio que en otro, que haya caras más duras en un sitio que en otro y que los dientes no brillen igual al sonreír en un sitio que en otro.

LINTERNAS

EL DESTRUCTOR DE DOCUMENTOS

PILAS O TRASPIRAS

RELOJ DESPERTADOR SOGO

REPRODUCTOR DVD ANTI-SUSTOS

BAILARÍN DE STRIP-TEASE DE CABLE

SOLDADOR ITC

ESPECIAL MANDOS A DISTANCIA

SUMIDERO SINFÓNICO

3

LETRAS PEQUEÑAS

DE LA TECNOLOGÍA

"Descacharrantes cacharros"

LINTERNAS

Luz de luz

Las linternas de este país alumbran algunas de las aberraciones lingüísticas más tronchantes que he visto. La linterna ***FLASHLIGHT***, por ejemplo, en cuyo embalaje leemos que es **auto-recagarble**.

Ya está bien de tener que recagar en las linternas uno mismo... ¿No te parece? ¡Por fin una linterna que se puede auto-recagar! Realmente no es que sea recagarble, ni recargable, ni de Clark

Gable; lo que pasa es que, según leemos en la caja, **no necesita pilas**. Está claro, lo que necesita es un diccionario.

Ahora una linterna de la marca *POLYTOP*, la *SUPER LINTERNA*. Esta linterna tiene virtudes especiales como **rompalalentepruebade** o **plegavle cuelgan tougues**. Acabo de ver plegable con "v" y casi se me *rompenlaslentes* sólo de leerlo.

Existe otra linterna de la misma marca pero de una gama superior. Entre sus prestaciones está la **eternidad larga**.

Una idea interesante. ¿Cuánto dura una eternidad larga? Yo tengo miedo de morirme, ir al cielo y que la eternidad se me haga larga. Puede pasar. Si tú estás en la eternidad mirando el reloj para ver cuánto falta, es que no te lo estás pasando bien. Pero tranquilos, porque la Biblia, que es un libro escrito entero con letra pequeña, habla bastante de la eternidad, y dice:

Porque así dijo el Alto y Sublime, el que habita la eternidad, y cuyo nombre es el Santo: Yo habito en la altura y la santidad, y con el quebrantado y humilde de espíritu, para hacer vivir el espíritu de los humildes, y para vivificar el corazón de los quebrantados. (Isaías 57:15)

No sé, yo lo leo y suena divertido, ¿no?

Más adelante, en esa misma caja, se explica cómo se cambian las pilas. La explicación entera es un poema, pero llama la atención cuando dice: **presione a la bruja de masajistas sobre la cubierta de cola para la iluminacin**.

Yo jamás podría ser bruja de masajistas, ni masajista de brujas, que es peor. ¡Qué grima, tocar la espalda de Aramís Fuster, desnuda y blanquita, con verruguitas y eccemitas! La pobre Aramís no puede darse un masaje al aire libre y a plena luz porque bajan los pájaros a picotearle los granitos. Habrá quien piense: "Bueno, pues que se dé el masaje por la noche." ¡Tampoco! Porque, según el folleto, cuando presionas a una bruja... ¡se ilumina como un gusiluz! Es lo que le faltaba a Aramís Fuster, brillar por la noche como el farol de una terraza. Tumbada en la mesa de masaje, llena de mosquitos, polillas y una lagartija al lado mirando con ojos golosetes.

IMPERMEABLE, A PRUEBA DE CHOQUES;
CONSUMO BAJO, ETERNIDAD LARGA;

cola, presione a la bruja de masajistas sobre
la cubierta de cola para la iluminacin.

EL DESTRUCTOR DE DOCUMENTOS

Sabes que no eres una buena persona el día que necesitas comprar una máquina destructora de documentos

He aquí una página sacada del manual de instrucciones de una destructora de documentos marca *OLYMPIA*.

Hay varios símbolos de seguridad: uno advierte de no meter la mano por la ranura destinada a las cosas que queremos destruir, otro dice que tengamos cuidado de no meter la corbata, otro el pelo... Sin embargo, todos esos símbolos se pueden resumir en uno, el que han puesto abajo a la izquierda: **¡Atenciòn a gilipollas!** Dicho eso, dicho todo.

Bedienungsanleitung
Manual instruction
Mode d'emploi
Istruzioni d'uso
Instrucciones de uso
Gebruikshandleidung

PS 17 CD

Símbolos de seguridad

¡No introduzca las manos en la ranura de entrada!

No introduzca clips r por la ranura de entr

Mantenga las corbatas, bufandas o ropas anchas alejadas del área de la ranura de entrada.

Mantenga el cabello suelto alejado del ár ranura de entrada.

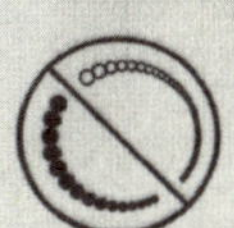

¡Atenciòn a gilipollas!

¡Atenciòn! No para c caset o disco!

PILAS O TRASPIRAS

El origen de la energía

He aquí un blíster de pilas recargables en cuyo reverso se lee esta misteriosa inscripción: **Atenion garga ante de usar no tirra alfuego no mesclas otraspiras no dejes cercas de ninos**.

He hablado con tres de las dos personas más inteligentes del mundo y sólo una me ha sabido contestar. Puede que se trate de sánscrito antiguo. El sánscrito, por si hay alguien de ciencias, es una lengua hindú, críptica y misteriosa, en la que se han escrito himnos, mantras y la famosa serie de la señora Fletcher *Sanscrito un crimen*. Si realmente se trata de una inscripción en sánscrito antiguo, este blíster de pilas del año 400 antes de Cristo estaría anticipándose varios siglos al descubrimiento de las pilas y al primer principio de termodinámica.

El primer principio de termodinámica, por si hay alguien de letras, dice que la energía no se crea ni se destruye, se transforma. Pero ¿en qué se transforma? Pues eso ya depende. Puede transformarse en muchas cosas y ninguna de ellas agradable. Cualquiera que haya hecho una mudanza sin ascensor sabe que la energía se transforma en sudor, olor y palabrotas. A un primo mío se le resbaló un tresillo en el dedo gordo del pie y se cagó en el santoral completo por valor de 65.000 kilojulios.

La inscripción habla de **Garga** —seguramente Garga Muni, el sabio mudo de la mitología hindú—, habla de la traspiración y habla de no tener a los niños cerca para que no oigan palabras malsonantes en caso de que se resbale un tresillo en el pie de alguien que no sea el silencioso Garga Muni. También puede ser que esto lo haya traducido un ordenador con el procesador de corcho o un tío sin dos dedos de frente.

RELOJ DESPERTADOR SOGO

El discreto encanto de las aves canoras

Uno de los momentos más difíciles del día es el de levantarse. Yo tenía un primo al que había que despertarlo con ayuda de las Fuerzas Armadas. Recuerdo que una vez no podíamos despertarlo y probamos de todo: le echamos agua helada, agua hirviendo, le clavamos palillos en la piel, le disparamos con una ballesta en el pecho, le clavamos un cuchillo jamonero en el cráneo, le echamos gasolina en las heridas, luego le prendimos fuego y nada. Allí sigue, durmiendo.

Al ser humano no le gusta despertarse y por eso hubo que inventar el despertador, un invento que te dice cuándo tienes que levantarte pero no cuándo tienes que acostarte. Eso está por terminar, por eso no funciona. Para que el invento fuese útil habría que inventar el acostador, un aparato que, a eso de las doce, te quita la tele, te desconecta el twitter, te da un vasito de leche, te sonda la orina y te apaga la luz. Eso sí funcionaría.

Sin el acostador, el despertador está incompleto. No obstante, siguen saliendo al mercado modelos y más modelos. Muchos van dirigidos al típico currante madrugador, pero éste, el reloj *SOGO*, va destinado a gente sin empleo: **se puede utilizar más de un año en el estado de no trabajo**.

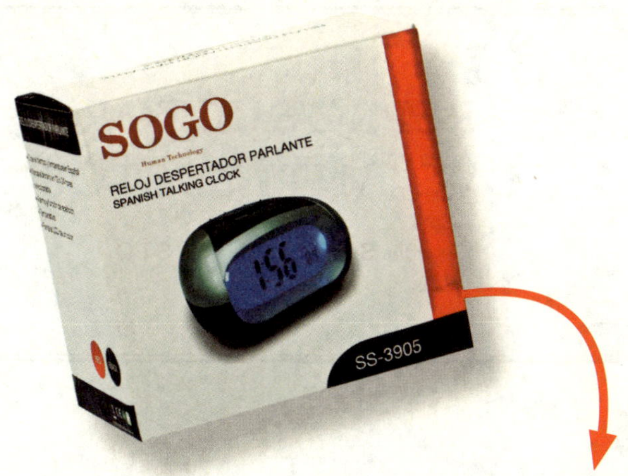

temperatura, y el formato de 12/24 horas transferibles.
3. Alarma y función de repetición, hay muchos anillos de alarma disponibles, incluyendo Didi, polla cuervo y la música.
4. Volver función de la luz.
5. Bajo consumo de energía, el 2 piezas de pilas AA alkalescency se puede utilizar más de un año en el estado de no trabajo.

Y, para que despertarse cada día no sea siempre igual, **hay muchos anillos de alarma disponibles, incluyendo Didi, polla cuervo y la música**.

Es duro levantarse, lo sé, pero ¡quién no quiere amanecer cada mañana, cuando la aurora rosada acaricia suavemente los contornos, con un agradable pene de cuervo en la oreja!

Puede que lo de los “anillos de alarma” sea una mala traducción de *ring*, que, además de “anillo”, también significa “timbre”. Y lo de la “polla cuervo”, que parece no tener explicación, sí la tiene. En inglés, *cock* puede significar “polla” pero también quiere decir “gallo”, y *crow* significa “cuervo” pero también “canto del gallo”. Suponiendo que *crow cock* sea el original, tendría que haberse traducido por “canto del gallo” o “quiquiriquí”. Y solamente un giligallo —o gilicock— lo traduciría por “polla cuervo”.

REPRODUCTOR DVD ANTI-SUSTOS

Un susto a gusto

Las autoridades sanitarias últimamente están muy autoritarias. Se pasan todo el día: "No fume usted eso que se le pudre el cuerpo, no coma usted grasa que se le embrutece el colesterol, coma usted omega 3, vigile sus órganos, tenga cuidado con su corazón"... Lo entiendo perfectamente. Tenemos que cuidar nuestro corazón. La gente de corazón quebradizo vive bajo la inesperada amenaza del susto de muerte. Es una pena, pero la gente propensa al infarto no puede disfrutar de obras maestras del cine como *La noche del tragaglándulas* o *Sentido y sensibilidad... caníbal*. Pensando en ellos, he aquí un DVD portátil que incluye un sistema llamado **el anti-susto electrónico fuerte excelente**.

¿Cómo funcionará eso del anti-susto? Sabemos que es fuerte y excelente, pero ¿qué hace? Yo me imagino una voz que te avisa cuando va a salir el monstruo. Algo parecido a lo que pasa cuando ves una peli con un listo de esos que ya la han visto, que no se puede aguantar y te la va contando: "El zombi está debajo de la cama, ya verás; y ahora, cuando ella se acerca, le agarra el pie... ¿Ves?, ¿qué te dije?, ¿te lo esperabas? ¿A que no te lo esperabas? Está guay porque uno no se lo espera. ¿A que sí?, ¿a que está guay?" Eso tiene que ser insoportable. No te mueres de infarto pero te suicidas tú mismo tragándote el aparato de DVD, cogiendo el mando y dándole a open/close muchas veces para que la bandejita se abra y se cierre y te haga lesiones internas. Sabemos, además, que este reproductor es compatible con MPEG4, que, para el que no sepa lo que es, es un **pedazo disco listo**.

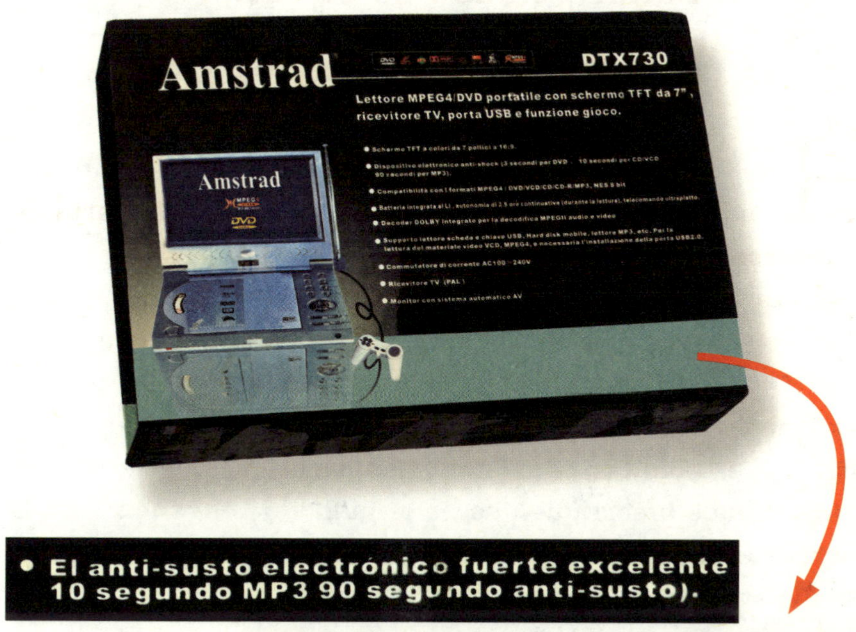

• Compatible con los discos de MPEG4 pedazo disco listo

Seguramente esto del “anti-susto” no sea culpa de las autoridades sanitarias sino una mala traducción de “anti-choque”. En inglés, *shock* significa “susto” pero también significa “choque”, “impacto” o “sacudida”. Algunos reproductores portátiles de DVD, como éste, disponen del sistema *anti-shock*, que permite que el láser continúe leyendo el disco aunque el aparato sufra una sacudida.

BAILARÍN DE STRIP-TEASE DE CABLE

Bailar pelados no es bailar

He aquí un aparato pelacables cuya caja reza **Bailarín de strip-tease de cable**. En un principio puede chocar que las palabras "reza" y "bailarín de strip-tease" estén en la misma frase, pero así es. Seguramente no sea la primera vez ni será la última.

Creo que no debo escribir nada a continuación. Está claro: cualquier chiste, bromita o comentario gallináceo que pueda hacer va a tener menos gracia que una herramienta de electricista en la que, con letras grandes, se puede leer "bailarín de strip-tease de cable". Eso no se puede superar.

¿Qué ha llevado a alguien a escribir "bailarín de strip-tease de cable" en la caja de una herramienta? A mí se me ocurre una explicación... *Strip*, en inglés, puede significar muchas cosas: "deshacer", "despojar", "decapar", "arrancar a tiras" y "desnudar". También es cierto que un *stripper*, tanto en inglés como en español, es un señor que se deshace y se despoja de sus ropas, arrancándoselas a tiras. Todos sabemos lo que es un *stripper*. Así que "bailarín de strip-tease de cable", con total seguridad, debe de ser una mala interpretación de *wire stripper*, cuya traducción correcta sería "despellejacables", "desnudacables" o, mucho mejor, "pelacables". Nunca "bailarín de cable" porque, ya lo dice la canción: bailar pelados no es bailar.

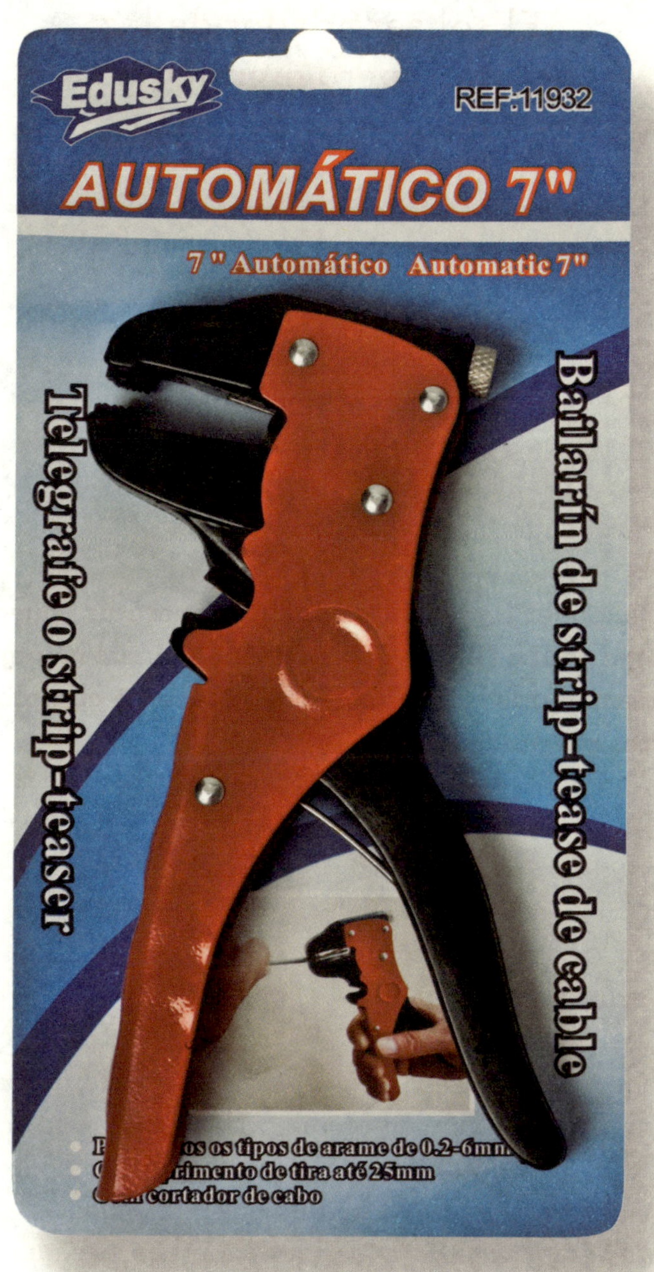
Edusky
REF:11932
AUTOMÁTICO 7"
7 " Automático Automatic 7"
Telegrafe o strip-teaser
Bafilarím de strip-tease de cable
os os tipos de arame de 0.2-6mm
rimento de tira até 25mm
cortador de cabo

SOLDADOR ITC

El sol será dador de luz y de calor, pero el único dador de sol es el soldador

El soldador de estaño ITC es un producto de confianza. Lo dice la caja y las cajas nunca mienten, salvo que sean cajas de ahorros, claro.

Por detrás podemos leer:

Cuando el poder está en la punta de temperatura puede alcanzar más de 300° c (572° F), ya que muchos mal manejo dar lugar a quemaduras o incendios, asegúrese de cumplir con las siguientes precauciones.

No está muy claro lo que quiere decir. Parece como si nos advirtiera de algunos peligros abstractos y luego nos propusiera precauciones concretas, como:

- No se orina en la unidad.

¡Cómo que no se orina en la unidad! Sinceramente, me parece mal que pongan eso. Si alguien quiere orinar en un soldador encendido hay que dejarle, aunque sólo sea para ver cómo se le queda el pelo. Además, cuando un señor mea en un soldador que está a trescientos grados centígrados, lo más probable es que el líquido se evapore formando una espesa nube tóxica, amarillenta y ven-

SOLDADOR ESTAÑO

Atención

Cuando el poder está en la punta de temperatura puede alcanzar más de 300°c (572° F), ya que muchos mal manejo dar lugar a quemaduras o incendios, asegúrese de cumplir con las siguientes precauciones. -No toque la punta y las partes metálicas cerca de la punta -No lo utilice cerca de inflamables --Cuando no las operaciones de soldadura, deben sacar el enchufe. -No calentar la soldadura de hierro con la punta apuntando hacia abajo.
-No use la unidad para aplicaciones distintas de -No se orina en la unidad o utilizar la unidad cuando sus manos están mojada s. -Calefacción elementos utilizados producción de cerámica, la debilidad de terremoto, es el uso de se debe prestar especial atención. -El proceso de soldadura se producen humo, a fin de asegurarse de que el área esté bien ventilada .

Ref:8301347

gativa, que al llegar al techo se condensará sobre él mismo precipitándole encima su propia orina. Los científicos conocen este fenómeno como “el orinador orinado” y forma parte del ciclo de la vida del que ya habló Walt Disney en *El Rey León*.

Y, por si la lluvia ácida no fuera suficiente, la caja de este soldador nos previene de otras catástrofes naturales:

la debilidad de terremoto, es el uso de se debe prestar especial atención.

¿Qué es eso de la debilidad de terremoto? La verdad es que todos sentimos cierta debilidad ante los terremotos, sobre todo los edificios. Pero ¿qué tendrá que ver la soldadura de estaño con los movimientos sísmicos? Pues mucho. Atención, porque es posible que no creas lo que vas a leer ahora. Yo tampoco lo creí, pero juro por todo el jamón ibérico de bellota de España que yo no he alterado ni una sola cifra de las que a continuación se mencionan. Fíjate en la referencia y el código de barras del soldador:

¿Qué? ¿No te dice nada ese número? Fíjate bien, que salta a la vista. Si multiplicas 83 por 01347 el resultado es 111801, eso lo sabemos todos. Ahora fíjate en los números de abajo. ¿Qué? No me digas que no es increíble.

843 + 52 + 69 − 9 − 1 + 3 + 4 − 7 y todo ello multiplicado por 1 da 954. Y si ahora cogemos 111801 y nos quedamos con los unos por un lado —ya verás para qué— y el 801 por el otro y sumamos 801 más 954, nos da, no te lo vas a creer, 1755. Si ahora nos sacamos de la manga los unos que nos habíamos guardado antes y se los ponemos delante, nos queda 1111755. Es decir, 1 de noviembre de 1755, que, como todo el mundo sabe, es la fecha del terrible terremoto de Lisboa. ¿Coincidencia? No lo creo. Los movimientos sísmicos y la soldadura de estaño pueden estar íntimamente relacionados, si uno se empeña.

ESPECIAL MANDOS A DISTANCIA

Amando a distancia, sufriendo en casa

La historia de la televisión y los mandos a distancia ha pasado por tres estadios: a) época en la que había más teles que mandos, b) época en la que hubo tantas teles como mandos, y ahora: c) época en la que hay más mandos que teles. Recuerdo aquella época en la que había más televisores que mandos, ¡qué tiempos! El mando a distancia era un lujo que sólo podían permitirse los magnates del petróleo o las estrellas de Hollywood. Las familias normales no tenían mando a distancia; de hecho, casi no tenían tele. Había una tele en toda la casa, estaba en el salón y el mando a distancia era el hermano pequeño: "Luisito, pon la primera cadena. Ahora pon la segunda. Ahora..., ahora pon la primera otra vez..., la segunda..., la primera otra vez..., la segunda... No, deja la primera..."

Gracias a Dios, sólo había dos canales. Después llegó la época de la democracia y la igualdad entre mandos y televisores: "Una tele, un mando." Había cinco canales, un solo mando a distancia y todos a pelear por él. Esos días han pasado. Ahora vivimos tiempos extraños. Los mandos a distancia universales se pueden comprar sueltos y hay gente que tiene mando pero no tiene tele. Yo una vez compré uno para cambiar los canales del microondas. Hoy en día hay más mandos que teles, los venden en los chinos y están llenos de enigmas.

He aquí el mando a distancia *CHUNGHOP*, que, evidentemente, no tiene un buen nombre.

Este mando es muy delicado y en las instrucciones se nos advierte de que, **con el mal uso, el mando puede estar muerto**.

¡El mando puede estar muerto! Y en ese caso, ¿qué debemos hacer? ¿Le hacemos el boca a boca? ¿Llamamos al CSI? No. Llegado el momento hay que hacer el truco más barato de la historia de los mandos. Lo dice en las instrucciones: **sólo necesita sacar las pilas, ponerlas de nuevo después de 20 minutos, y el mando se volverá normal**. ¿Normal? Yo creo que el mando Chunghop siempre será un poco chungo.

Con el mal uso, el mando puede estar muerto. En este caso, sólo necesita sacar las pilas, ponerlas de nuevo después de 20 minutos, y el mando se volverá normal.

He aquí otro espécimen: el mando marca ***STANG***, cuyas instrucciones están escritas en varios idiomas a la vez: **si alrady normalmente indicada encontró el code**.

Esto sirve para que las instrucciones sean incomprensibles no sólo en España sino también en otros países del mundo. Lo más extraño es que **el mando a distancia será permitido absolutamente afilado**.

Eso no es cierto. Hay muchos sitios en los que el mando absolutamente afilado no está permitido, por ejemplo en los aviones. No te dejan entrar con un cortaúñas, como para entrar con un mando a distancia afilado.

He aquí otro mando distinto, el mando multiusos *ITC M6*:
Es tan optimista que nos reconcilia con todos los mandos a distancia universales: **fácil uso, es la opción ideal cuando el mando a distancia de la televisión pierde, daña, substituye ¡Trae a muchos convenientes para el tuyo vida!**

Qué bonito mensaje. Está mal escrito pero la intención es lo que cuenta. Torpeza y belleza, como el SMS de una abuela el día de tu cumpleaños.

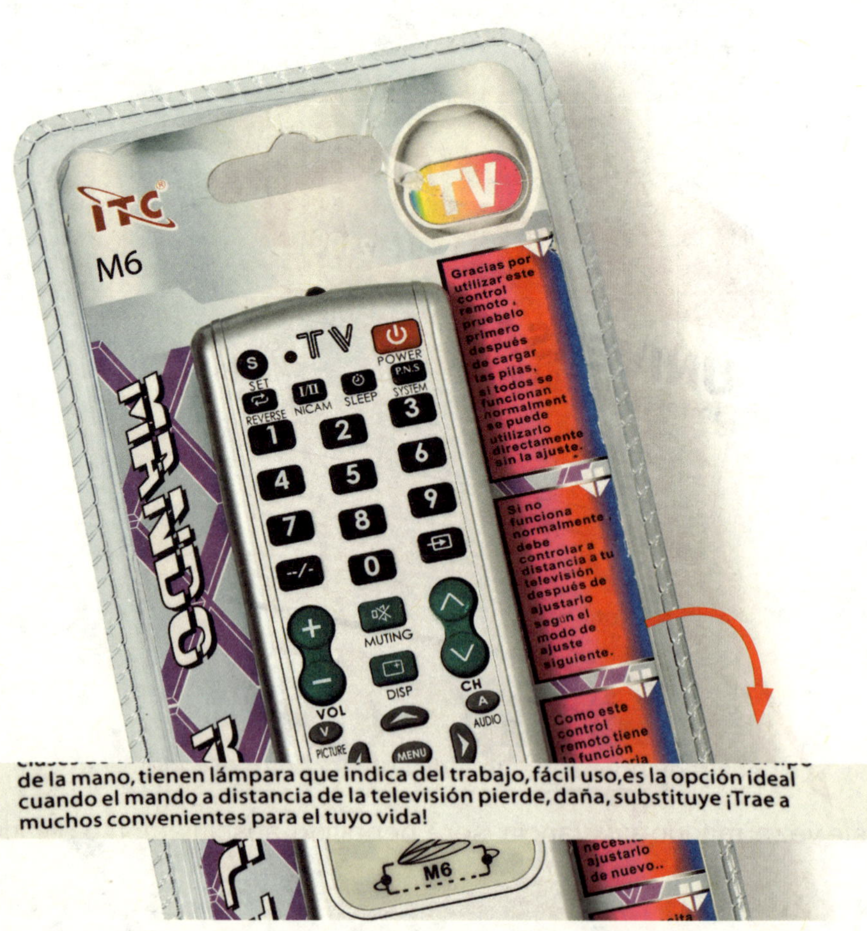

SUMIDERO SINFÓNICO

Ideal para orquestas de mierda

SALUD EN LOS ZAPATOS

SECADORES Y DEPILADORES

LA BOLSA DE AGUA CALIENTE

EL CARMEX

MASAJISTA DE CUELLO

COPAGO SANITARIO

LAS MASCOTAS

EL PIERCING Y EL TATOO

4

LETRAS PEQUE-ÑAS

DE LA BELLEZA Y LA SALUD

“Mens sana
in culito de rana”

SALUD EN LOS ZAPATOS

Salid de pies

Con todos ustedes, la plantilla ***BAMBU CARBON***. Son dos plantillas, pero lo decimos así en singular, "plantilla", porque da caché. Siempre me ha encantado el uso del singular para ensalzar la calidad de un producto: "Éste es muy buen zapato", "Ésta es muy buena gafa", "Ésta es muy buena tabla de Daimiel". Pues bien, ***BAMBU CARBON*** es una plantilla misteriosa que persigue la salud de pies. Evidentemente, quedaría mejor si hubieran dicho "la salud del pie", pero quizá no persigan eso. A lo mejor persiguen otra cosa. A lo mejor persiguen escapar, precisamente porque es otro el que los persigue a ellos. Suena raro, pero por detrás leemos que dice **salid de pies**. Eso es como decir "salid por piernas", "poned pies en polvorosa" o "escapad de ahí cagando virutas".

Todavía está menos claro el material de elaboración de estas plantillas. De nuevo hay que fijarse en la letra pequeña... **Material: carbón bambú, primera capa con tela española de algodon y lino o algodón y lino o algo mezclado**. Imprecisión, tienes nombre de mujer. Sin embargo, lo más curioso es que no se pone en los pies. Si nos fijamos bien, al final de la etiqueta dice: **pongalo en sol**. Haced lo que queráis, id al sol a poner unas plantillas si os apetece. Yo sólo os doy un consejo por si no queréis abrasaros: una vez allí, salid de pies.

A.B.A.C.O.
BAMBU
CARBON
PLANTILLA
BUENA CALIDAD
CARBON BAMBU
SALUD DE PIES
Muy beneficioso para quitar malolor,humedad,microbio y mantener seco dentro de zapatos.
No.083

SALID DE PIES
material con carbón de
al,este producto es muy
ra los pies,hay funcione
alolor,humedad,microbi
de pies,y masaje.
• Material:carbón bambú,primera capa con tela española de algodon y lino o algodón y lino o algo mezclado
• Atenciones:pongalo en sol,se utiliza durante un año.

SECADORES Y DEPILADORES

Domadores del cabello

El pelo es como las herencias: nadie está contento con lo que le ha tocado. Los que lo tienen liso lo quieren rizado, los que lo tienen largo lo quieren corto, los rubios lo quieren moreno y a los que no les ha tocado nada les valdría cualquiera de las opciones anteriores. Por ese motivo el ser humano no para de inventar cosas para cambiarse el pelo. Desde aquellos hombres primitivos de pecho peludo, frondoso y duro, como felpudo de hostal, hasta los actuales diseñadores de prêt-à-porter, de pectorales depiladitos, lisos e infecundos como los cogotes de las medusas, se ha probado de todo.

He aquí el *ZOWAEL*, un aparato que sirve para exterminar pelo. Se trata de un mango motorizado al que se le añaden cabezales variados según lo que uno quiera afeitarse: las patillas, el pelo de las fosas nasales, el bigote o las axilas. No sé quién puede estar interesado en meterse en la nariz algo que ha estado visitando sobacos, pero bueno, son gustos.

En uno de los laterales de la caja se describe lo que podemos encontrar en el interior: **Con navaja de afertary Cepiollo**. ¿Qué será un cepiollo? Da como miedo, ¿no? ¡El temido cepiollo: mitad ciempiés, mitad centollo! Ideal para aterrorizar a los hijos: "Niño, cómete la sopa que viene el cepiollo y te muerde los pelos de la nariz."

El manual del cepiollo dice que **sólo se usa las tijeras seguido los describidos en el manual**. Los "describidos" del manual, para el que no lo sepa, son frases que demuestran que meter según qué cosas en la nariz puede producir lesiones irreversibles en el cerebro. Lo ratifican consejos como **Fuera la toca del niño** o **Nunca use sus tijeras si están dañadas. Si no, estará herido**.

Sus tijeras son aparatos eléctricos, por favor de atención a las instrucciones:
1. Sólo se usa las tijeras seguido los describidos en el manual.
2. Asegure hermética la cabeza de las tijeras.
3. Fuera la toca del niño.
4. Se puede enjuagar fácilmentey seguramente con agua corriente.
5. No las empape en el agua.
6. Por favor de atención cuando las use.
7.Revise las tijeras para daños mecánicos y si necesario, reemplácelas.Nunca use sus tijeras si están dañadas. Si no,estará herido.

Esta última suena a amenaza. "Si no hace lo que le pedimos, usted estará herido." No creo que consigan nada con coacciones. Un tío que se mete un cepiollo por la nariz está claro que no teme a la muerte.

En su lucha por domesticar el pelo, el hombre ha inventado distintos aparatos del infierno, como el secador *SURKER*.

En sus instrucciones leemos: **No lo conecte al agua**. Lo ponen porque hay gente que cree que el agua corriente se llama así porque lleva electricidad.

no lo use sobre o en cercanía a un cuenco
No lo conecte al agua cuando lo limpia.
No ponga el aparato que está funcionando

Otro invento diabólico es la horquilla para pelo *HAIR SCROO*, en cuyas instrucciones pone: **Usted puede inventar peinados sin limitaciones, desde la convencional cola de caballa, hasta el más elegante moño**.

A veces hay que poner alguna limitación. La caballa es un pez marino que cuando lleva un par de días fuera del agua ya empieza a oler. Yo no me pondría una cola de caballa en la cabeza ni para ir a los premios MTV.

THE HAIR SCROO

a hairpin with a twist

HAIR SCROO
Una Horquilla can una enroscadura
El HAIR SCROO es un clip moderno, único y totalmente revolucionario, para sujetar su cabello. Ahora se pueden crear peinados asombrosos, sin pensar en lo imposible! El HAIR SCROO es rápido y fácil de usar. Usted puede inventar peinados sin limitaciones, desde la convencional ... elegante moño.
... el HAIR SCROO, primero, TORCER el cabe- ... enroscar el HAIR SCROO en la dirección ... rarse que el HAIR SCROO este enroscado ... se dará cuenta cuando lo haya colocado ... Para quitarlo, simplemente girarlo en el sentido contrario de las agujas del reloj.

sin pensar en lo imposible! El HAIR SCROO es rápido y fácil de usar.
Usted puede inventar peinados sin limitaciones, desde la convencional cola de caballa, hasta el más elegante moño.
Cómo usar el HAIR SCROO

El secador más misterioso de todos es éste, de marca desconocida. Sus instrucciones sugieren que **durante la primera fase del juego secante la temperatura a 60°/65° grados** [...], **entonces decepcione la temperatura a 45°/50° grados**. ¿Qué es el juego secante? Yo me lo imagino como el regalo de cumpleaños de una tía abuela monja, un juego que siempre decepciona. Lo único que deja claro este secador es que no se puede tocar con las manos húmedas. Lo dice el punto 1: **no toca el aparato con manos húmedas o húmedas**. Si tocas y te da calambre, luego no puedes decir que no te habían avisado o avisado. Aunque si el ser humano está buscando cambiar su peinado, tocar un aparato eléctrico con las manos mojadas puede ser una opción interesante.

3. Este modelo se proporciona con un motor-velocidad-regulador (2) qué permite obtener tipos diferentes de secado: Durante la primera fase del juego secante la temperatura a 60°/65° grados (vara-interruptores (4) en posición alta), entonces decepcione la temperatura a 45°/50° grados (vara-interruptores (4) en posición alta).

1. no toca el aparato con manos húmedas o húmedas.
2. no usa el aparato mientras descalzo.
3. no usa primacías de las extensiones en baños otra cosa que con los cuatela sumos.

LA BOLSA DE AGUA CALIENTE

Frío, frío...

Ya llegó el invierno y aún no se fue la crisis. Sube la luz, sube la calefacción... y la economía se enfría tanto que se congelan las pensiones y los salarios. No es que haga frío, es que somos muchos y tocamos a pocos grados cada uno. ¿Cómo hacer más llevadera la crisis en esta temporada otoño-infierno?

He aquí la etiqueta de una bolsa de agua caliente cuyas instrucciones ha debido de escribirlas un mono borracho. Aunque..., bueno, no lo tengo claro.

La última frase del punto 3 despista: **Si la grieta del reloj del bolsillo de la agua caliente del descubrimiento para el uso**. Esto no lo ha escrito un mono. ¡Esto lo ha escrito un político! Sí, porque parece que dice algo, pero en realidad no dice nada.

En el punto 4 también parece que dice algo, pero en realidad no. Ese párrafo, bien gritado en un mitin electoral, tiene aplauso garantizado. Tan sólo hay que añadirle al final la coletilla "de todos los ciudadanos". Haz la prueba, léelo con tono indignado, haz pausas dramáticas y en la última frase vente arriba: **Los bebés y el niño de los infantes utiliza la botella de agua caliente pata tener el guarda para salvaguardar el uso. Debe ser lejano el poner a un lado levemente. Los abrigos de la ropa con seguridad**...

¡de todos los ciudadanos! Dilo así, moviendo los brazos al compás, y al final hay un aplauso asegurado.

¿Qué tipo de persona es la que va a un mitin electoral? El que es partidario no, porque no necesita que lo convenzan, y el que es detractor tampoco, porque no va a estar allí riéndoles las gracias a los otros. ¿Quién va entonces? ¿Curiosos? ¿Indecisos? ¿Gente

que se coló creyendo que era una boda? Yo creo que son todos extras, como los de las pelis de romanos. Lo que pasa es que los extras humanos ya no existen, ahora los hacen por ordenador. Los generan infográficamente, les dan un bocadillo de píxeles y los tienen allí las horas que haga falta. Sigo sin saber qué tipo de persona es la que va a un mitin electoral pudiendo quedarse en casa tranquilito, con una bolsa de agua caliente.

¿Qué tendrá que ver un reloj de bolsillo con una bolsa de agua caliente? Muy sencillo: "reloj de bolsillo" en inglés se dice *watch*, pero *watch* también quiere decir "mirar", "revisar", "comprobar" o "tener cuidado". *Watch your step* se traduce por algo parecido a "cuidado, no tropiece". "Cuidado con el reloj" podría traducirse por *watch out the watch*. Son frases que habría que usar más, sobre todo para evitarles disgustos a su majestad el Rey y a Rafa Nadal. Seguramente, la frase "Si la grieta del reloj del bolsillo de la agua caliente del descubrimiento para el uso" sea una traducción hecha sin cuidado de "Revise que la bolsa no esté agrietada antes de usarla".

EL CARMEX

¿De qué va llena la ballena?

El *CARMEX* es una vaselina que sirve para tener los labios hidratados en invierno. Los primeros envases que se comercializaron en España tenían una peculiaridad: entre los ingredientes del producto ponía, como si tal cosa, **Esperma De Ballena Artificial**.

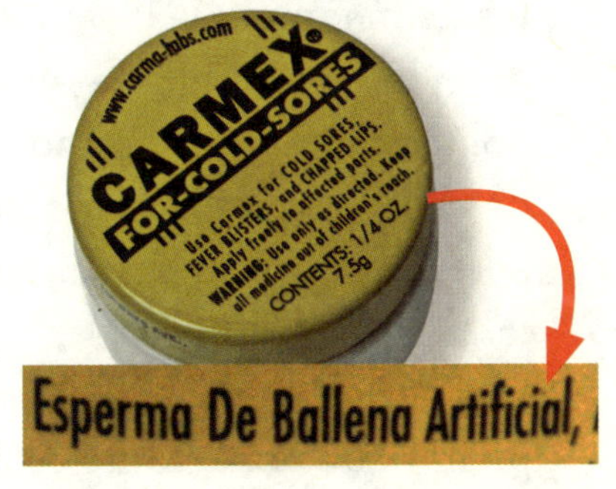

¿Qué es el esperma artificial de ballena? ¿El que se saca de las ballenas que fingen los orgasmos? Puede que el esperma de ballena sea una grasa existente en el cráneo de los cetáceos y que se use para la elaboración de cosméticos, pero cuando uno lo lee se imagina otra cosa. Para empezar, que hay un señor cuya profesión es..., bueno, no hace falta que lo describa; llamémoslo, por así decirlo, "aliviar cachalotes". Manda narices, estudiar seis años de Farmacia y cuatro de Veterinaria para acabar tocándole ahí a un cetáceo. Ese tío tiene que tener brazos de aizcolari. Supongo que habrá unos cariños preliminares. El problema es que esos animales son pausados. Hay ballenas en Groenlandia que viven hasta doscientos años. Es posible que los preliminares amorosos para poner a punto a una ballena de ésas puedan durar dos semanas. No sé, sólo espero que los "aliviacachalotes" cobren por horas y no por servicio.

MASAJISTA DE CUELLO

Entre el amasar y el agasajar está el masajear

El masaje por amor no existe. El que lo da se cansa y el que lo recibe se siente culpable. Salvo que haya dinero de por medio, ahí no disfruta nadie. Por ese motivo se han inventado sillones que dan masajes, bañeras que dan masajes, plantillas que dan masajes en los pies y hasta unas redecillas masajeadoras hechas de bolitas de madera que llevan los taxistas en el respaldo. Eso tampoco funciona. ¿Alguien ha visto alguna vez un taxista relajado? Esas bolitas de madera funcionan sólo los primeros minutos. Al cabo de seis horas la bolita se clava en la piel, empuja la carne para adentro y, por el principio de los vasos comunicantes, al taxista le sale por delante una reproducción perfecta de la esterilla. La próxima vez que te lleve un taxista con redecilla masajeadora, piensa que por delante está lleno de bolitas. Lo puedes tumbar en el suelo y limpiarte la tierra de los zapatos como si fuera un felpudo de jardín. Nunca pensamos en ello pero los taxistas, debajo de la camisa, son como una bandeja de Lacasitos.

La marca *IRON BUSINESS* comercializa un aparato masajeador de cuellos llamado **Masajista De Cuello** y en su folleto de instrucciones podemos leer textualmente: **Evite dormir con la alta almohada que evite los mugidos se dirijan a mucho tiempo evite se extienden y la practica de cuello de curva**.

Si tienes una almohada que muge, puede que no sea una almohada sino una vaca, y dormir con una vaca lechera es un peligro, ya que, si se tumba, se le puede salir la leche.

Si uno sigue leyendo, se da cuenta de que la garantía de este aparato es un timo. En el punto 3 dice: **repare gratis, pero usted tiene que pagar el coste**. Es decir, que la reparación es gratis siempre y cuando tú pagues lo que cueste. Vamos, que es gratis para ellos. Así cualquiera se relaja.

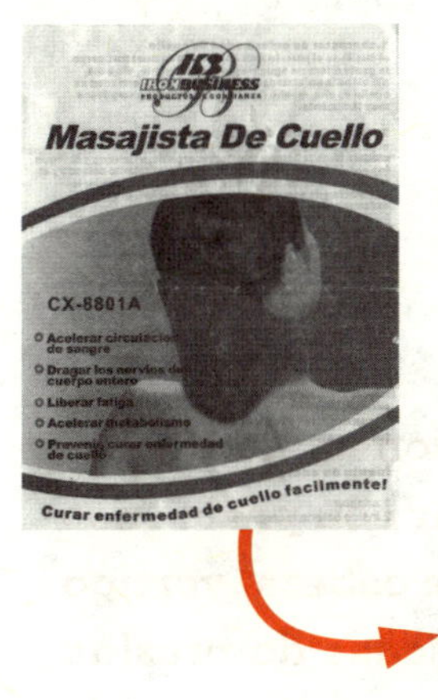

el mi cura de cuello
haga mas programa deportivo.
Evite dormir con la alta almohada que evite los mugidos se dirijan a mucho tiempo evite se extienden y la practica de cuello de curva.

GARANTIA

La garantia es solo para el masajista de cuello modelo, por favor guardelo para la reparacion:
atencion de detalle:
1.please la instruccion de producto leida antes de la utilizacion y rellena el debajo de la forma
2.be sin la reparacion durante 6 meses si usted encuentra algun problema de calidad en la operacion correcta. si es danado debido al uso incorrecto en 6 mes, el coste componente y honorarios de transporte relacionados seran acusados.
3.after el periodo de garantia. repare gratis, pero usted tiene que pagar el coste

Empezar a hablar de alturas de almohadas y acabar hablando de mugidos sospecho que tiene que ver con la palabra inglesa *low*, que se utiliza para referirse a una posición "baja", pero también significa "mugir". Por otro lado, la "práctica del cuello de curva", que parece dicho por un bebé borracho, podría referirse a que el cuello se doble o se tuerza, ya que *bend* significa "curva" pero también significa "doblar". Da la sensación de que muchos pescuezos han sido retorcidos para la elaboración de este folleto, pero aún no ha rodado la cabeza del traductor.

COPAGO SANITARIO

La salud es lo que exporta

El *LEXATIN* es un ansiolítico y un ansiolítico es una especie de tranquilizante para calmar la ansiedad.

Muy bien, pues ésta es la lista de contraindicaciones:

LEXATIN 1,5 mg puede producir [...] **alucinaciones, excitación y trastornos del sueño.** [...] **debilidad muscular con problemas de equilibrio al caminar (caídas).** [...] **dolor de cabeza, vértigo (mareos), deterioro del estado de alerta, bajadas de presión (desmayos), alteraciones gastrointestinales, reacciones en la piel, alteraciones visuales (visión doble), ataxia** [...]**, cambios en la libido** [...] **y alteraciones de la vejiga** [...]**. alucinaciones, desarreglos del sueño, agitación o ictericia (aspecto amarillento de la piel y los ojos).**

No creo que a una persona a la que le han recetado unos tranquilizantes le haga bien leer esta lista de intranquilizantes efectos secundarios. Pero es que, en primer lugar, puede producir **ansiedad repentina**. ¡Por si te faltaba!

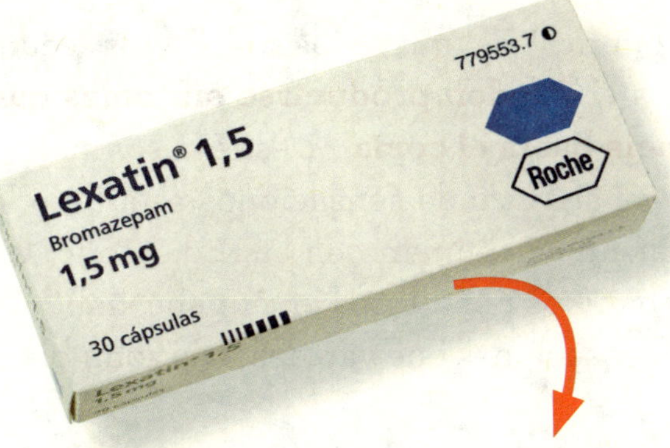

4. POSIBLES EFECTOS ADVERSOS

Al igual que todos los medicamentos, LEXATIN 1,5 mg puede producir efectos adversos, aunque no todas las personas los sufran.

La mayoría de los pacientes toleran bien LEXATIN 1,5 mg pero los efectos adversos más frecuentes, que se dan especialmente al principio del tratamiento, son cansancio y somnolencia.

Muy raramente LEXATIN 1,5 mg puede producir ansiedad repentina, alucinaciones, excitación y trastornos del sueño. Si esto sucede, consulte inmediatamente a su médico.

En raras ocasiones se experimenta debilidad muscular con problemas de equilibrio al caminar (caídas). Si esto ocurre informe a su médico y puede que él decida cambiar la dosis.

Se ha observado un aumento del riesgo de caídas y fracturas en pacientes ancianos.

Muy raramente LEXATIN 1,5 mg puede producir dolor de cabeza, vértigo (mareos), deterioro del estado de alerta, bajadas de presión (desmayos), alteraciones gastrointestinales, reacciones en la piel, alteraciones visuales (visión doble), ataxia (incapacidad para coordinar los movimiento musculares voluntarios), cambios en la libido (apetencia sexual) y alteraciones de la vejiga. En caso de notar alucinaciones, desarreglos del sueño, agitación o ictericia (aspecto amarillento de la piel y los ojos), consulte inmediatamente a su médico por si desea que interrumpa el tratamiento.

La utilización de benzodiazepinas, puede desenmascarar una depresión pre-existente.

Otro tipo de tranquilizante es el *ZOLPIDEM*.

Este medicamento ha preferido resumir todos sus efectos secundarios en un solo epígrafe: **Pueden producirse síntomas que van desde la somnolencia hasta el coma**. ¿Desde la somnolencia hasta el coma? En ese abanico de sensaciones está todo lo que puede experimentar un ser humano en su vida. Todo: esguinces, alopecia, tos, chancros pustulosos en el pene, halitosis o mocos... Todo eso son sensaciones que van desde la somnolencia hasta el coma.

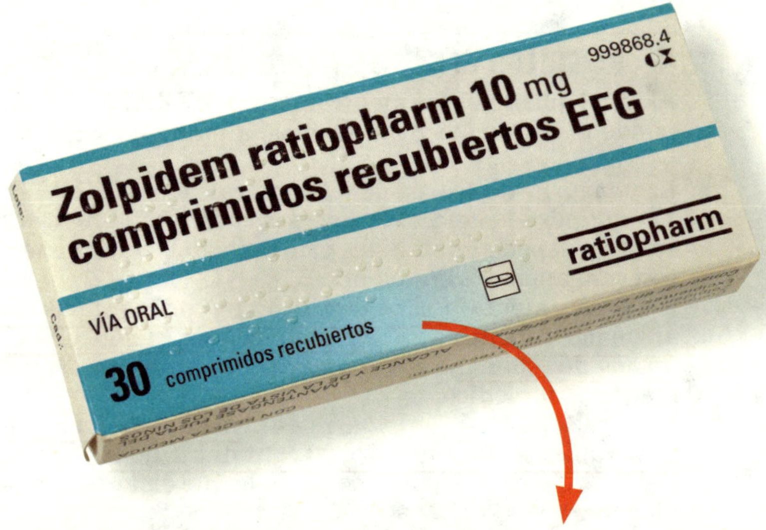

Si Vd. toma más Zolpidem ratiopharm 10 mg del que debiera
Consulte inmediatamente a su médico o farmacéutico. Pueden producirse síntomas que van desde la somnolencia hasta el coma. En caso de sobredosis o ingestión accidental, consulte con el Servicio de Información Toxicológica.

Puede que la píldora anticonceptiva sea el único medicamento que produce más efectos secundarios que un tranquilizante: dolores musculares, migrañas, cambios de ánimo, hinchazón... Bien mirado, la píldora anticonceptiva tiene más contraindicaciones que un disparo en la rodilla. Si los hombres quisiéramos empatar, deberíamos meter los testículos en una picadora. O, en su defecto, tomar *VIAGRA*. Ésa sería otra manera de empatar.

La Viagra viene acompañada de una lista de "efectos adversos". Al consumidor le aconsejan que **si alguno de estos efectos adversos le resulta molesto, grave o no desaparece al continuar el tratamiento, consulte a su médico**. Pues bien, uno de los "efectos adversos" es la **muerte súbita**. Vamos a ver... Si súbitamente te mueres, ¿cómo vas a volver al médico? ¡Ah, no! ¡Sólo tienes que ir al médico si tu fallecimiento te resulta molesto, grave o si no desaparece al continuar el tratamiento! Vamos, que si resucitas no pasa nada; pero si no, mejor que vayas al médico.

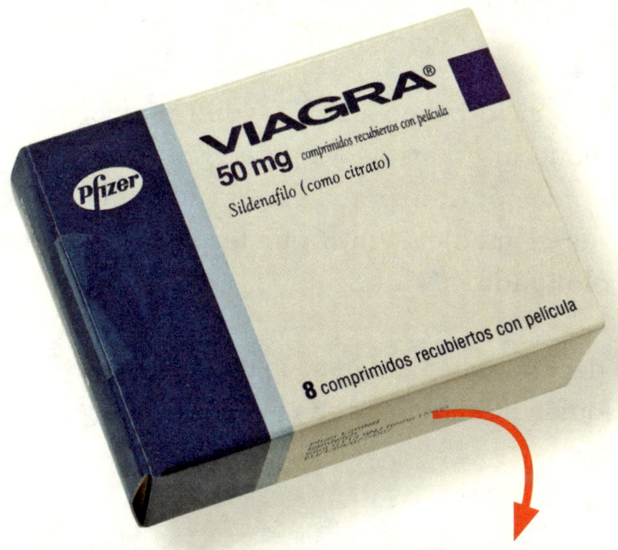

Si alguno de estos efectos adversos le resulta ***molesto, grave o no desaparece al continuar el tratamiento,*** consulte a su médico.

efectos adversos: tensión arterial alta, tensión arterial baja, des-
tidos cardíacos irregulares, dolor de pecho, muerte súbita, ataque

Son las paradojas medicinales... Un anciano se toma esta pastillita azul y puede tener una erección maravillosa o morir de repente. La sorpresa está garantizada. En la caja debería poner "susto o muerte".

OMNIC OCAS es otro medicamento que debemos tener en cuenta.

Son unas pastillitas que se recetan a señores de cierta edad para paliar irregularidades en la fontanería masculina. Averías como **chorro de orina débil, goteo** o **micción imperiosa**...

Lo de la micción imperiosa suena terrible. Da la sensación de que uno pudiera partir el retrete de un chorrazo. Sin embargo, si hurgamos un poco más entre los párrafos del prospecto, leemos lo siguiente: **Es posible que usted observe un resto del comprimido en sus heces**.

Bueno, eso será si lo busco, ¿no? Y yo creo que, cuando uno se dedica a rebuscar en las heces para ver si quedan restos de algo, lo de la micción imperiosa es un problema menor. Y sigue... Dice que el medicamento puede producir **erección no deseada, prolongada**.

Bueno... Eso depende de a quién se le pregunte, porque, a según qué edades, ¡quién pudiera pillar una erección no deseada!

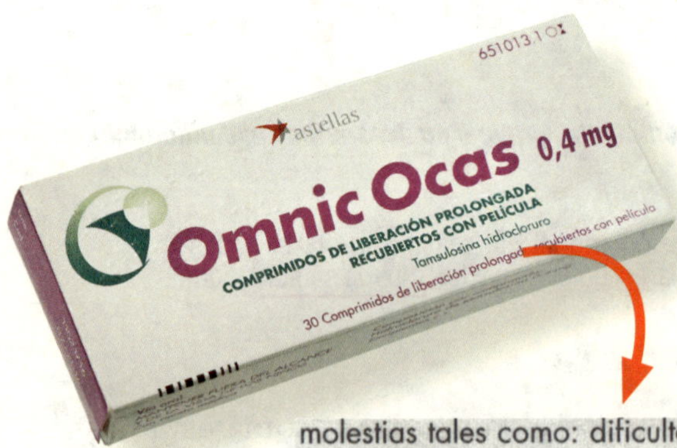

molestias tales como: dificultades en la micción (chorro de orina débil), goteo, micción imperiosa y necesidad de orinar frecuentemente tanto por la noche como

comprimido, sea liberado gradualmente. Es posible que usted observe un resto del comprimido en sus heces.

erección no deseada, prolongada

LAS MASCOTAS

Animal para cual

Existen unos perros pequeñitos muy monos y arrugados que caben en un calcetín. Son muy lindos pero son un peligro. Un día sacas al perro a pasear, el perro hace sus cacas y —no serías el primero que se equivoca— recoges al perro con una bolsita y lo tiras en una papelera. Lo malo no es tirar el perro a la basura; lo malo es volverte a casa con el zurullo, porque no se le coge el mismo cariño. Sin embargo, la gente lo intenta. Creen que si lo sacan a pasear otra vez es posible que algún día ese zurullo llegue a cagar un perrito nuevo.

Precisamente para que los dueños de los perros gestionen los residuos de sus mascotas se inventó la braga canina *CLEAN PANTIES*.

En la caja nos explican una ventaja del producto. Si se la ponemos a nuestros perros, podremos **evitar que borren las butacas, las alfombras etc**.

Son los temidos perros borrabutacas, que van con goma de borrar en el culo. Los reyes de la baraja española tenían uno de ésos y les borró el trono, por eso están siempre de pie. Lo peor de los perros con goma de borrar en el culo es que se les acercan otros perros a olerlos, les borran el hocico y luego a ésos no puedes ponerles gafas de sol y hacerles fotos. ¿Y para qué sirve un perro si no puedes ponerle gafas de sol y hacerle fotos?

La braga higiénica fuente una protección a los perros en calor o incontinent, evitar que borren las butacas, las alfombras etc. Las servilletas sanitarias se convierten en parte fácil ante el interior.

Para no correr este tipo de riesgos, es mejor tener un pajarito o un hámster. La marca *AS CARE* fabrica unos deliciosos snacks para mascotas entre cuyos ingredientes está la **ceniza bruta**.

Mmm..., ceniza bruta, suena delicioso. La ley antitabaco prohíbe fumar en espacios cerrados, así que a hámsters y pájaros domésticos no les queda otra que ponerse unos parches de nicotina o comerse unas barritas de ceniza bruta. Alguno ha propuesto lo de salir de la jaula a fumar, pero no cuela. Además, si eres pajarito o ratoncillo, saliendo de la jaula corres el peligro de que te coma un gato.

Es difícil de creer, pero en la caja de alimento para pájaros y en la de alimento para roedores, abajo y sin venir a cuento, se puede leer: **Su gato debe tener siempre a disposición agua fresca**. Imagino que será por si el pájaro y el ratón salen a fumar, que el gato pueda apagarles el cigarrillo y comérselos a gusto. La pluma y el pelo son difíciles de tragar así, a palo seco.

Siempre es triste perder a una mascota. Por eso se ha inventado el bozal para perros de la marca *EUROPE BERNINA*. Un adminículo que hará que sus perros vivan para siempre, al menos eso dice en la caja. Detrás, en las instrucciones en español se puede leer: **Evita que mueran, mastiquen y ladren!**

A priori puede parecer una buena idea, pero vamos a pensarlo dos veces... Perros eternos con bozal... Sempiternos canes de esos que ladran por las noches y muerden por los días... Me parece bien que esos perros vivan para siempre, siempre y cuando pueda llevar conmigo una pastillita de cianuro que a mí me garantice un descanso eterno. No olvidemos que la eternidad de un perro es como siete veces la eternidad de un humano.

De nuevo, malas traducciones del inglés... *Blot* significa "ensuciar", que es lo que hacen los perros con alfombras y butacas, pero también significa "borrar", "emborronar" e incluso "gotear", si se refiere a lo que hace una pluma cuando gotea tinta. Y si lo hace una pluma, también puede hacerlo la gallina entera, y si se atreve a hacerlo una gallina, con más razón un perro, que no es tan cobarde.

Ash es "ceniza", pero también es "fresno". Así que los roedores no comen ceniza, sino que roen fresno. Cuestión de gustos.

Por cierto..., algún día los humanos tendremos que preguntarnos por qué no hacemos idiomas en los que cada palabra signifique una sola cosa, y no idiomas en los que cada palabra significa todas las cosas menos la que te interesa que signifique.

EL PIERCING Y EL TATOO

Mira su nombre de extranjero tatuado aquí sobre mi piel

Un tatuaje dice mucho de una persona, pero un tatuaje con faltas de ortografía dice mucho más. He aquí la tarjeta de un tatuador, peluquero, estilista, masajista y profesional de la manicura.

Se trata de un hombre del Renacimiento que trabaja con **equipo profecional** y **tintas profeconales de tattoo**. Este artista es capaz de hacer un dibujo con faltas de ortografía, estoy seguro. Le pides que te haga un tribal y te lo hace con "v". Además confunde la "c" y la "s", lo cual es un peligro. A lo mejor eres un esquiador de slalom y quieres que te tatúe el lema "el rey haciendo eses", y el tío te pone "el rey asiendo heces"... y no es lo mismo. Pensándolo bien, "el rey asiendo heces" es el eslogan perfecto para los Clean Panties de la página 99.

O inventan el Tipp-Ex color piel, o este tío, al terminar su trabajo, te tiene que tatuar una fe de erratas en la espalda.

El hombre también hace manicura y pedicura. En su tarjeta leemos que tiene **barriedad de colores y diceños** y **masajes relax podologocos**.

¿Qué serán los masajes podologocos? Creo que la única manera de saberlo es arriesgarse y llamar al teléfono de **recerbas**.

Maquillaje Definitivo "Micropigmentacion"

Tatuajes Pajarito "Añez"

.DELINEADO HO PERFILADO DE CEJAS,PARPADOS Y LABIOS DEFINITIVO.
.TATUAJES CORPORALES.
.ARREGLOS EN GENERAL.
.TRABAJOS SIN DOLOR.
.BODDY PIERSING,
.MATERIAL ESTERIL Y DESECHABLE.
.EQUIPO PROFECIONAL Y DE PRECISION.
.TINTAS PROFECONALES DE TATTOO.
.PERSONAL CUALIFICADO,CON MAS DE 17 AÑOS DE EXPERIENCIA EN_ COMPORTAMIENTO DE LA PIEL.

tatuajes-pajarito@hotmail.com

.Trabajos a domicilio,consultas o recerbas a los telfs:

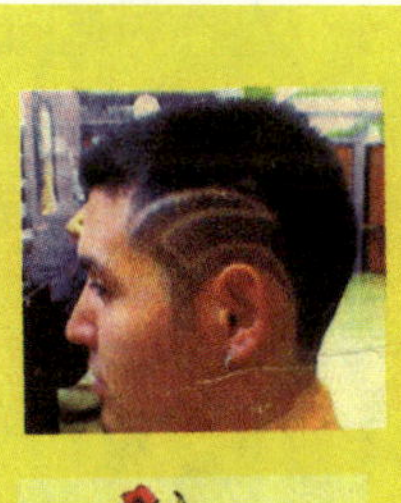

PELUQUERO ESTILISTA:

.Corte de pelo para ambos sexo.
.Corte de pelo para niñas y niños.
.Tintes mecchitas,reflejos baces y cepillados para ambos sexo.

MANICURA Y PEDICURA:

.Una barriedad de colores y diceños.
.Masajes relax podologocos.
.Eliminacion de callos y otros.
.Trabajos a domicilios.

LÁMPARA DE LAVA

ESPECIAL MECHEROS

EXTINTOR PALMA PEÑA

GANCHOS DE LA SUCCIÓN

EL TABURETE

QUITAPELUSAS

MÁQUINA DE COSTURA

TRATÓ DE ABRIR

5

LETRAS PEQUEÑAS DEL HOGAR

“Letras y letrinas”

LÁMPARA DE LAVA

¿Eso se funde?

A todos nos gusta tumbarnos a leer tranquilamente a la luz de un volcán. El único problema es el ruido, las rocas y los gases tóxicos. Sin embargo ahora, gracias a las lámparas de lava, uno puede quedarse en casa leyendo con buena luz sin tener que preocuparse del pequeño engorro que supone morir abrasado o sepultado por la lava. Para el que no las conozca, las lámparas de lava son una especie de peceras alargadas donde hay body milk de colores con una linterna arriba y otra abajo. Vamos, son casi igualitas a un volcán.

Las instrucciones reales de una lámpara de lava real vienen escritas en un papelito considerado por los estudiosos de la letra pequeña como un tesoro literario. Nadie es capaz de explicar su origen.

Yo creo que esto lo escribió alguien que se respiró todas las emanaciones tóxicas de un volcán real y, la verdad, no me parece mal, ya que gracias a su valentía ahora podemos disfrutar del siguiente párrafo. Comienza con una loa al buen rollito: **Esta lampara por medio de elaboracion y examen estrico minucioso, poder hacer que tu estar contento totalmente**.

O la consecuencia de inhalarse todas las emanaciones tóxicas de un volcán real, o pegamento para barcos... El efecto viene a ser muy parecido. Los estudiosos del documento no nos ponemos de

Esta lampara por medio de elaboracion y examen estrico minucioso,poder hacer que tu estar contento totalmente.Este sarie es promocion sucesivamente reemborso,si en medio de una lampara holgado caerse infuluir laparas de todo grupo no poder blillar.sin embargosi en medio de una lampara mala, pero todavia quedarse en caja de enchufe, otoros lamparas ir a ocurrir seguir brillar. Nern tu deceor mantenol longevldad de lamparas,haber que reemborso lampara mala a lo maximo.Tiempo de mover y reemborso lamparas,pedir evitar volver o girar.Como

acuerdo al respecto y no podemos hacer otra cosa que seguir leyendo: **Este sarie es promocion sucesivamente reemborso, si en medio de una lampara holgado caerse infuluir laparas de todo grupo no poder blillar. sin embargosi en medio de una lampara mala, pero todavia quedarse en caja de enchufe, otoros lamparas ir a ocurrir seguir brillar**.

Este manual es un homenaje literario al surrealismo y un monumento funerario a la seriedad y al aburrimiento. Ahora viene ese momento crucial en la Historia del Arte que es cuando un artista pierde las formas y se pasa al abstracto. Es ahí cuando dice: **Nern tu deceor mantenol longevldad de lamparas, haber que reemborso lampara mala a lo maximo**.

¿Se entiende? No. ¿Es bello? Sí. Con esa excusa hay poetas que no se callan, se gastan sus ahorros en pegamento para barcos, y siguen escribiendo versos como éste: **Tiempo de mover y reemborso lamparas, pedir evitar volver o girar**.

Es bello. Habla casi de la vida de las lámparas; es más, diría que habla casi de la vida; es más, diría que habla casi. Cuanto menos, más.

ESPECIAL MECHEROS

La llama llama a las llamas

Es importante leer las instrucciones de los mecheros, sobre todo si son como las de *AIM FLAME*.

Entre sus virtudes está la de encender **el carbon de lena o el gas asa a la parilla**, **equipo que acampa**, **calentadores del keroseno**, **pilotos** y **chimeneas**.

¡Pilotos! Me parece bien que haya un mechero para incendiar pilotos, sobre todo para esos días de puente en los que deciden hacer huelga, para que sepan lo que es estar quemado.

Si uno es vago y le da pereza leer las instrucciones, que se atenga a las consecuencias: **La falta de seguir instrucciones puede dar lugar a lesión del vago**.

Si usted no es tan vago... **PELIGRO: Contiene el gas del butaano bajo presion**. Tanta presión que el pobre gas butaaaaaano se está quejando. Seguimos leyendo y pone: **No utilice el fuego, la llama o las chispas mera**. Eso sí que no tiene sentido. Es un mechero y te advierte de que no utilices el fuego. Eso es como si te compras un supositorio y te piden que lo mantengas alejado del ano.

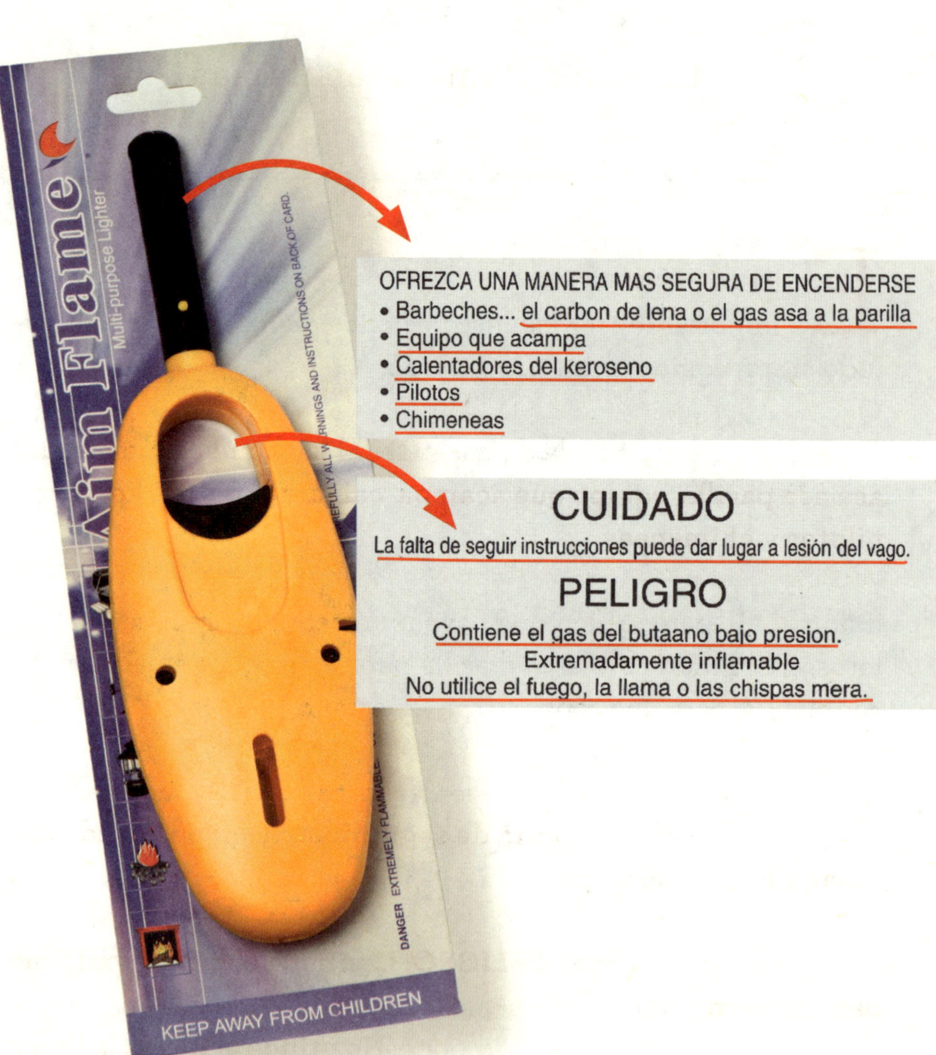
Aim Flame
Multi-purpose Lighter
DANGER EXTREMELY FLAMMABLE
KEEP AWAY FROM CHILDREN
OFREZCA UNA MANERA MAS SEGURA DE ENCENDERSE
• Barbeches... el carbon de lena o el gas asa a la parilla
• Equipo que acampa
• Calentadores del keroseno
• Pilotos
• Chimeneas
CUIDADO
La falta de seguir instrucciones puede dar lugar a lesión del vago.
PELIGRO
Contiene el gas del butaano bajo presion.
Extremadamente inflamable
No utilice el fuego, la llama o las chispas mera.

Otro modelo distinto es el mechero *CAMELION*. En la parte delantera podemos leer algo que suena a tráiler de peli de Steven Seagal. **El peligro: el contenido muy peligroso bajo la presion! Ley todas advertencias y las instrucciones en la espalda**.

El peligro: el contenido muy peligroso bajo la presion! Ley

! Ley todas advertencias y las instrucciones en la espalda.

Y luego, si lees la espalda...

Mantenga el encendedor forma lejos de su cara y enciende, el interruptor. Ajustar la llama: a la derecha (-) para disminuir la llama (la flecha hacia negativo), para aumentar a la izquierda la llama (la flecha hacia negativo) ,counter-clockwise(+)to aumenta la llama (la flecha hacia más), ajusta el destornillador de cabeza de byflat de llama si necesario.

Solución: la gallina.

EXTINTOR PALMA PEÑA

Bautizando incendios desde 1988

Elegir el nombre de un hijo es muy difícil. Hay quien espera dos años y se lo pregunta al niño directamente. El problema es que muchos nombres tienen connotaciones negativas porque en el pasado hemos conocido a un majadero que se llamaba así. Me explico: si la más fea de tu clase se llamaba Rosario, jamás llamarás a tu hija Rosario. No es que Rosario sea un nombre feo, es que para ti Rosario es nombre de fea. Por esa razón, nombres bonitos como Satanás, Bokassa, Adolf Hitler, Depredador o Walt Disney casi nunca se oyen en los bautizos y hay tan pocos niños que se llamen así.

Poner nombre a un negocio tampoco es fácil. Si es un bar, sí. En el caso de bares, tascas y garitos se puede recurrir a un nombre tipo chiste: Bar Budo, Bar Bararrey, Tasca Breao o El Garito de Munch. Sin embargo, eso no te vale para un hospital, un ministerio o un ayuntamiento: Hospital Para Cual, El Tercer Ministerio de Fátima, o Ayuntamiento Más Que Hablo... No. Ahí no pega.

También se estila juntar los nombres de los socios. Eso ha dado lugar a los nombres de negocios más horribles de la Historia. Si él se llama José Manuel y ella Carmen, qué mejor nombre que Jomancar para la peluquería que acaban de abrir. Es imposible conseguir algo bueno con ese sistema. Ni siquiera con nombres ilustres como Felipe de Borbón y Letizia Ortiz. Si los príncipes quisieran poner un restaurante de tapas en la costa tendrían que llamarlo Feborletor, y con ese nombre no te tomas una tapa de calamares ni aunque te la sirva la misma doña Letizia. Yo creo que por ese motivo no se animan a poner un bar. Sería terrible si John Kennedy y Marilyn Monroe, a finales de los cincuenta, se hubieran fugado juntos para poner un mesón asador. Lo habrían llamado Jokemamón y se habrían arruinado.

—Oye, ¿sabías que Kennedy ha puesto un mesón asador?
—Jo, qué mamón, ¿no?
—Sí.

Pues todo esto a la vez es lo que les ha pasado a los fundadores de una estupenda empresa de suministros para la extinción de incendios. Su material es fantástico y estoy seguro de que sus extintores apagan más que los de la competencia. Sin embargo, el nombre de la empresa no es el acertado. Se les ha juntado todo. Tienen un negocio tan serio como un ministerio o una notaría y su nombre es casi un chiste. Eso no es bueno. Además han juntado los apellidos de los socios fundadores y el resultado da yuyu.

Una empresa especializada en material para salvar a la gente del fuego no puede llamarse ***PALMA PEÑA***.

Eso es como decir "muere gente". Hay muchos nombres inadecuados para una empresa de extintores: Palma Peña, Arde Troya, Chamusca Cristos y Casa a la Brasa... son sólo algunos de ellos. Aunque, ahora que lo pienso, Casa a la Brasa sería un nombre estupendo para el mesón asador que Marilyn Monroe y John Kennedy nunca llegaron a abrir.

—Oye, ¿sabías que Kennedy ha puesto un mesón asador?
—Jo, qué mamón, ¿no?
—No. Casa a la Brasa.

PALMA PEÑA, S.A.
REX-15 MPCI-168 IPCI-171
C/ Calatayud, 6-8
28011 - MADRID
CIF A-78914850
Empresa Certificada ISO 9001:2008
palma peña
EXTINTORES
Tel.: - Fax.:
palmapesa@terra.es
Modelo
Fecha Fabric.: 2010
Marca: TODOEXT
Nº Fabric.: 003
FECHA REVISION
PROXIMA REVISION
OPERARIO
5.2012
Pedro
CONTRATO DE MANTENIMIENTO
La rotura del precinto anula la garantía

GANCHOS DE LA SUCCIÓN

Enganchado a la succión como un lactante

Un lactante es ese bulto de carne con pijama, manitas y piernecitas que les sale a las madres en un pecho al poco tiempo de dar a luz. La madre es la que lo sostiene, el lactante es el que mama y el que mama es un mamón. Yo no sé qué tipo de lactante ha traducido las instrucciones de estos ganchos que se adhieren por succión a la pared.

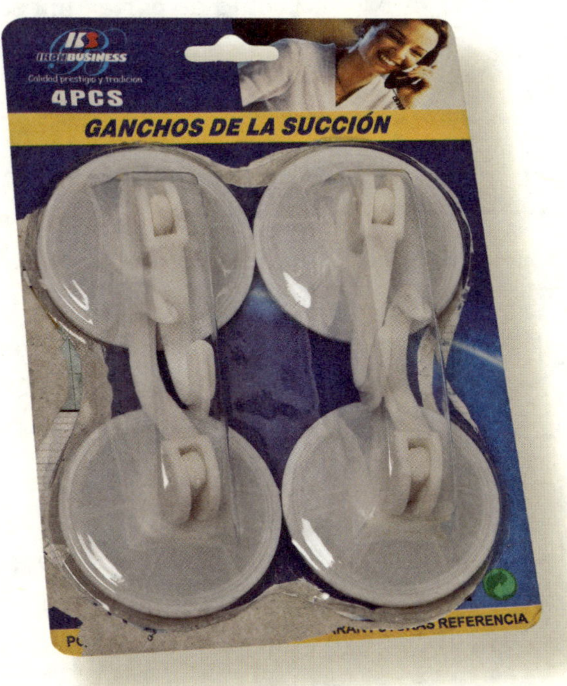

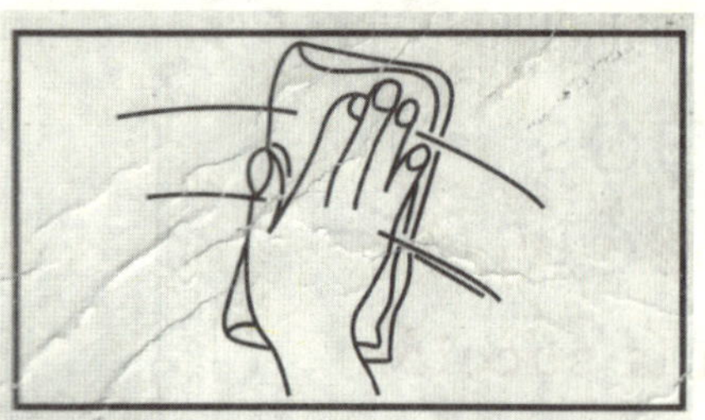

Punto 1: **primero designado tendrá que instalar la posición instalará superficial el polvo. la eliminación etcétera engrasa la parte**.

Mucha gente al leer esto se pregunta: ¿estará mal escrito o seré yo que soy imbécil? Que nadie se preocupe, el misterio se desvela en el punto 2: **como espectáculo de cartas. Descompone completamente el adsorber. seguramente debe el imbécil en la eliminación de aire!**

Efectivamente, somos imbéciles. Que no os distraiga el espectáculo de cartas ni esa manera tan novedosa de escribir la palabra "absorber". Somos imbéciles y punto, qué se le va a hacer. Podemos pasar al punto 3 y confirmarlo: **adhieren al imbécil la adsorción exacta**.

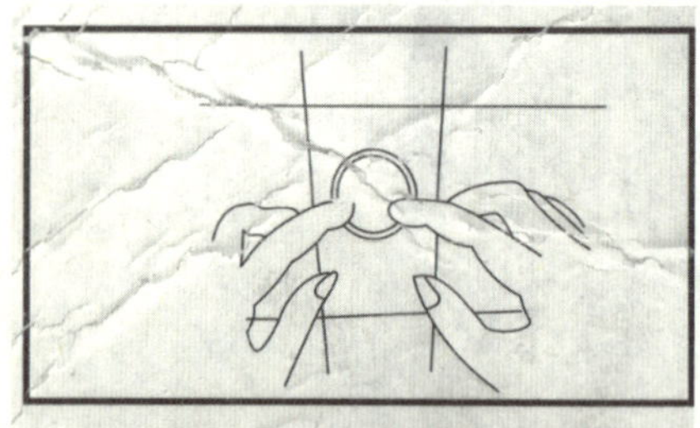

Confirmado. El manual de instrucciones de estas perchitas nos está llamando imbéciles a la cara. No me parece mal. Tengamos en cuenta que las personas que leen esto es porque han visto el producto en una tienda, les ha gustado, lo han pagado y se lo han llevado a casa para colgar abrigos. Pasemos al punto 4: **cubre el abrigo de adsorber. con en según centro de barra de tornillo. deaerate (porque como tiene el aire para entrar. adsorptive la atracción reduce. por lo tanto debe adoptar tal método)**.

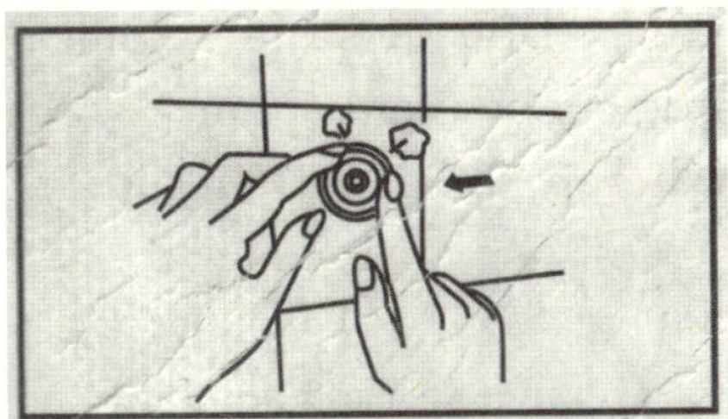

cubre el abrigo de adsorber. con en según centro de barra de tornillo. deaerate (porque como tiene el aire para entrar. adsorptive la atracción reduce. por lo tanto debe adoptar tal método)

Cierto que el texto no se entiende, pero a cambio en el dibujo vemos las manos de alguien explotándole una espinilla a un azulejo. Punto 5: **(la inserción de cuerpo principal cubre encima el agujero en.)**.

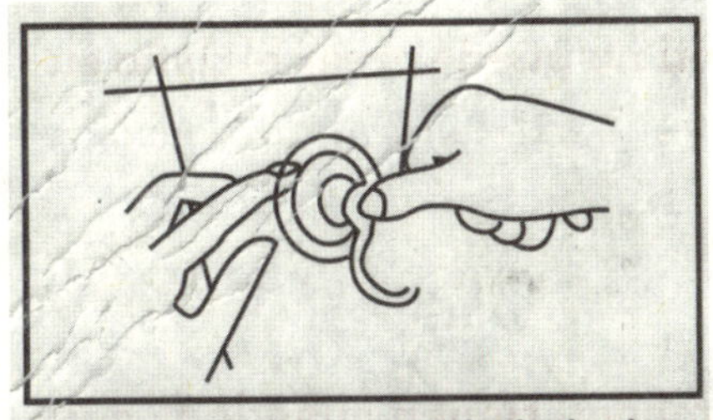

(la inserción de cuerpo principal cubre encima del agujero en.)

Una vez más, Yoda se ha fumado un cigarrito de pelo de ewok y se ha puesto a traducir productos de los chinos. Es lo que hay. Todavía es peor cuando le da por fumarse un chino y ponerse a traducir productos de la tiendas de los ewoks.

¿Se aclarará todo en el punto 6? **aprieta la perilla adecuadamente. la instalación completa**.

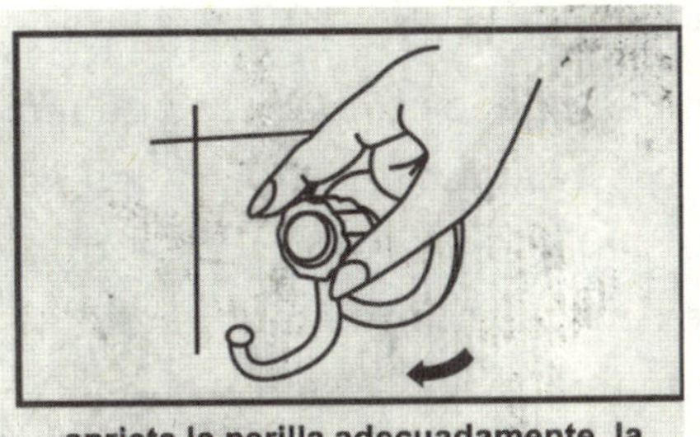

aprieta la perilla adecuadamente. la instalación completa.

Pues eso: que si aprietas la perilla adecuadamente, la instalación está completa.

Este producto, real como las lágrimas de horror que ahora mismo recorren tus mejillas, lo comercializa Iron Business, la empresa que ya conocemos por su masajista de cuello (ver página 92). Su eslogan es: **Calidad prestigio y tradicion**. Sin coma, sin tilde y, para más inri, en Comic Sans.

Es por eso por lo que, en aras de la calidad, del prestigio y de la tradición, nos aclaran algunos puntos que hayan podido quedar confusos. En primer lugar: **el imbécil no puede crear el daño superficial de la pared**. Nunca daño superficial. En todo caso, lesiones irreversibles. Para terminar, nos da dos consejos dignos de tener en cuenta.

1. (la superficie de la pared y el imbécil tienen cuando la contaminación y el polvo fácil para caer. por favor elimine limpio y mantiene la superficie de la pared y la sequedad de imbécil.)

el imbécil no puede crear el daño superficial de la pared. la instalación simple. el desmontaje es conveniente. pero como consecuencia del vacío de empleo y la intensidad exterior de principio de diferencia de presión. para garantizado su succión. Por favor siga el método siguiente de aplicación.
1.(la superficie de la pared y el imbécil tienen cuando la contaminación y el polvo fácil para caer. por favor elimine limpio y mantiene la superficie de la pared y la sequedad de imbécil.)
2.(cronometra y relojes. la cámara fotográfica. el espejo etcétera el valuablesdo no tiene que colgar sobre este imbécil.)

Hay que mantener al imbécil seco. Está claro. No hay nada peor que un imbécil mojado. El problema es que los imbéciles pueden mojarse por varios motivos: porque están haciendo pis y les da por estornudar; o porque intentan beber de un porrón de vino, de un botellín de ciclista o de un extintor. Un imbécil mojado es como un perro que acaba de salir de una piscina: sabes que va a tardar poco en empaparte a ti también.

2. (cronometra y relojes. la cámara fotográfica. el espejo etcétera el valuablesdo no tiene que colgar sobre este imbécil.)

No debemos mojar a los imbéciles, no debemos colgar sobre ellos el *valuablesdo* y, lo más importante, no debemos darles de comer después de medianoche.

POR FAVOR CONSERVA LOS DATOS PARAR FUTURAS REFERENCIA

Así lo haré. Gracias.

Esa manera de insultar al pobre lector puede que tenga una explicación. Resulta que la palabra *sucker*, en inglés, puede querer decir "ventosa" pero también "gilipollas". Ésa es la explicación. Cuando están hablando de ventosas están hablando de gilipollas; y cuando hablan de gilipollas, hablan de ventosas. Así es el inglés, una ventosez.

EL TABURETE

Tema tabú

He aquí un taburete muy especial cuyas instrucciones podrían estar al principio de alguna peli de *La guerra de las galaxias*: ... **ambos se sentaban y pusieron cosas después abierto y pegaban para salvar el espacio**...

La guerra de las galaxias, muy resumido, es eso: unos que se pegaban para salvar al espacio.

Después sigue un párrafo muy extraño: **Los niños enlatan ambos poniendo juguetes estacionarios y tardando como lata de trabajo escolar**.

El señor de la foto está demasiado sonriente como para ser el padre de unos niños tan raros.

Al final de todo da algunos consejos para usar el taburete. Uno de ellos es **no lave el agua**. Yo nunca me había planteado lavar el agua. Si me lo pidieran no sabría hacerlo. ¿Cómo se lava el agua?, ¿en seco?

FUNCIÓN:
1.Taburete de combinatory plegable diseñó usar por dos:
ambos se sentaban y pusieron cosas después abierto y pegaban para salvar el espacio.
2.Usado en liveroom y dormitorio porque tirar al hoyo se reduce y séntese como taburete.
Los niños enlatan ambos poniendo juguetes estacionarios y tardando como lata de trabajo
escolar - taburete, familia zapatos de lugar para se poner facilmente.

PRECAUCIÓN:
3.Séntese reposefully, no se sentar con violencia.
4.El peso limitado: 70kGS de =
5.No lave el agua, limpie solamente con paos.
6.Lugar en el aireado ambiente y secante.

Can, en inglés, significa "poder" cuando se usa como verbo, pero como sustantivo puede significar "lata", "bote" o "bidón". Tiene pinta de que *lata de trabajo* se refiere a que se puede trabajar sobre el taburete, *can work*, aunque también podría ser un homenaje a Luis Aguilé, quien ya se dio cuenta hace años de que "es una lata el trabajar".

QUITAPELUSAS

Si uno rehúsa a la pelusa, otro la reúsa

Las pelusas son el anticristo, lo dice la Biblia. Al principio, Adán y Eva vivían en un paraíso soleado, con comida gratis, animales suaves y ninguna pelusa. No tenían camas, así que no había pelusas debajo; no tenían abuelas, así que no había pelusilla en sus cutis; y, lo más importante, no tenían ombligo, así que tampoco salían pelusillas de ahí. Era un mundo maravilloso y sin pelusas, pero un día apareció el pecado. En la Biblia dice que fue por una manzana, pero eso no acaba de cuadrar. El paraíso, tal y como sale en las fotos de la Biblia, tiene un clima parecido al de Canarias, no al de Asturias. Es más lógico que fuera un plátano, que es de climas calentitos y de esta manera todo encaja mejor. Adán desnudo, Eva desnuda comiéndose un plátano, y de ahí al pecado sólo hay una mirada. Una vez inventado el pecado, tuvieron que inventar la cama, que eso viene con las pelusas ya debajo, fueron abuelos, la cara se les llenó de pelusilla y sus hijos tuvieron ombligo, que es el agujero del que salen todas las pelotillas y pelusas del mundo. Las pelusas son hijas del pecado original y todo lo relacionado con ellas está en manos de Satán.

He aquí un aparato diseñado para quitar pelusas.

Su nombre es ***LEVA PELUCCHI*** y las inscripciones de la caja han sido dictadas por el Maligno. En la parte de arriba nos aconseja qué tipo de música debemos escuchar mientras trasquilamos nuestra ropa; dice: **Utilice AC/DC**, que es un grupo heavy melenudo de esos que le gustan a Satanás.

En ese mismo apartado, más arriba, dice: **Retire bombilla de pelo rápidamente**. Nunca he visto una bombilla de pelo, pero sería interesante. ¿Se podría poner una bombilla de pelo en un semáforo? Tendría que ser de pelo como el de Alaska, que es primero naranja, luego rojo, después verde, luego otra vez naranja...

En el frontal de la caja dice: **El removedor de hilas de nuestra empresa es el producto en nuestro país al principio de siglo veintiuno. En el pasado incapaz de quitar totalmente lleno a pelota de añicos chipping**. ¿Qué es el "añicos chipping"? Da la sensación de que, a principios del siglo veintiuno, el español es una lengua muerta. Yo tengo la esperanza de que, como mucho, sea una lengua dormida como la que nos queda después de ir al dentista.

- Diseño de ruido bajo
- Hoja grande y redonda
- Retire bombilla de pelo rápidamente
- Portátil y cómodo
- Con el plato protector
- Utilice AC/DC

El removedor de hilas de nuestra empresa es el producto en nuestro país al principio de siglo veintiuno.En el pasado incapaz de quitar totalmente lleno a pelota de añicos chipping

He aquí la etiqueta de otro producto que sirve para quitar las pelusas, un artículo llamado *LIMPIE EL RODILLO*.

El nombre no es acertado, pero es mucho peor la descripción del producto: **Elproducto puede rasgar apagado la superficie por completo del polvo fácilmente, y el affer su cuidadoso limpia el duse en sus ropas, sofá, alfombra, silla del coche, etc**. El texto viene acompañado de unas fotos en las que se ve a una señora amenazando a un gato con el rodillo quitapelusas. El gato la mira con la misma cara que nosotros al leer la descripción del producto.

El texto sigue: **Una marca de fábrica - nueva, la circunstancia limpia reaparecerá**. Eso de que la circunstancia limpia reaparecerá habrá que verlo. Es muy fácil quitarle las pelusas a un gatito o a un traje recién comprado. Ahí el Limpie el Rodillo y el Leva Pelucchi son muy valientes. Me gustaría ver a estos utensilios intentando quitar las bolitas al disfraz de Espinete. No sé dónde estará ese disfraz ahora mismo, pero seguro que hoy en día tiene unas pelotillas como manzanas. Me lo imagino infestado de bubones rosas. Vamos, que con las pelotillas que le sacas a Espinete en un trasquilado rápido abasteces los entrenamientos de dos escuelas de tenis. Y no vamos a hablar de Don Pimpón, de cuyo ombligo salían pelotillas del tamaño de un balón de baloncesto. Ahí me gustaría ver al Leva Pelucchi, ahí...

LIMPIE EL RODILLO
Elproducto puede rasgar apagado la superficie por
completo del polvo fácilmente, y el affer su cuidadoso
limpia el duse en sus ropas, sofá, alfombra, silla del
coche,etc.Una marca de fábrica - nueva, la circunstancia
limpia reaparecerá

MÁQUINA DE COSTURA

Toser y cantar

Antiguamente las máquinas de coser tenían pedales, como las bicicletas o los pianos. Ahora no. Ahora son aparatitos portátiles que han sustituido a aquellas gigantescas maquinonas.

Al menos eso es lo que intentan expresar las frases que hay en la caja de esta máquina de coser de viaje: **El uso en vez de su máquina abultada grande**. No sé qué tipo de persona es la que necesita viajar con una máquina de coser, la verdad... ¿Quién está tan expuesto al desgarro inesperado de ropa como para tener que viajar con una máquina de coser en la maleta? ¿El increíble Hulk? ¿Un torero? Un torero puede ser, ya que en caso de cogida le sirve tanto para reparar el traje como para darse puntos de sutura.

Es importante que una máquina de coser de viaje tenga varios usos y varios husos. Esta máquina en concreto puede hacer dos cosas a la vez. El único problema es que las dos cosas, según la caja, son la misma: **repara o repara en segundos**. O sea, que lo mismo vale para un roto que para un descosido.

El único problema que plantea este prodigio es que no es accesible para todos los bolsillos. Los bolsillos con agujeros, que son los que más la necesitarían, paradójicamente, no pueden acceder a ella. Lo pone en su caja, dice claramente que es **ideal para los dueños de una casa**. De ésos ya no hay. ¿Quién es dueño de una

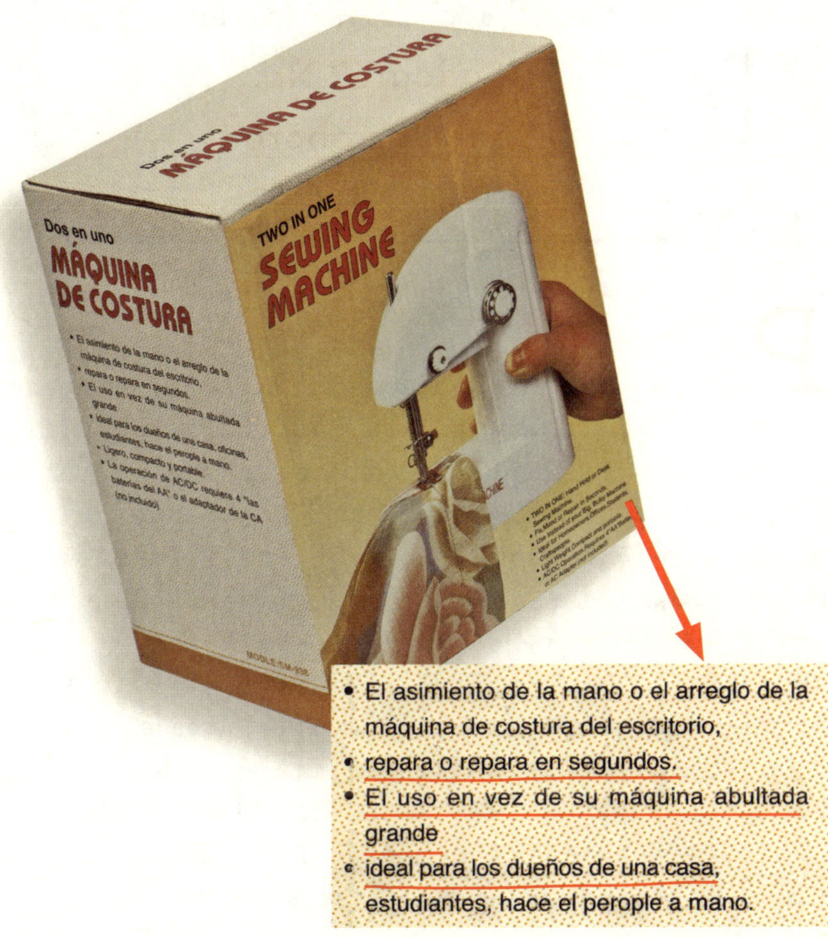

casa hoy en día? Que yo sepa, sólo los bancos. Bueno, pues que se queden con todas las máquinas de coser y que los zurzan.

Ahora se usan máquinas de coser de viaje en vez de aquellas máquinas abultadas y grandes, ahora reparan o reparan en cuestión de segundos y son ideales para dueños de una casa. Es como leer un cuento de hadas, ¿verdad? Pues no olvides que la Bella Durmiente quedó hechizada al pincharse con el huso incorrecto del español.

TRATÓ DE ABRIR

¿Lo logró? No.
Yo lo corroboro

Poner nombre a un nuevo producto no es fácil. Hay quien pone el nombre del dueño, como el queso García Baquero. Hay fabricantes que ponen una palabra inventada, como Zara o Kodak. Otros escogen una palabra que inspira cualidades del producto, como el detergente Don Limpio o el arroz Brillante. Por último están las marcas que aluden a las cualidades del posible comprador, como el ponche Caballero o el Mitsubishi Pajero.

Lo nunca visto es que un artículo lleve por marca las desventuras del posible comprador antes de adquirir el producto. Éste es el innovador marketing del producto ***TRATÓ DE ABRIR***, que nos glosa la breve historia de un hombre que no conseguía quitar la tapa de un bote hasta que compró esa rara herramienta.

Al parecer, el nombre ha sido un éxito. Esta empresa no va a dormirse en los laureles, y ya está diseñando nuevos artículos. Están preparando la mantita ***PASABA FRÍO***, el whisky ***ESTABA SOBRIO*** y los preservativos ***ERA DEL OPUS***.

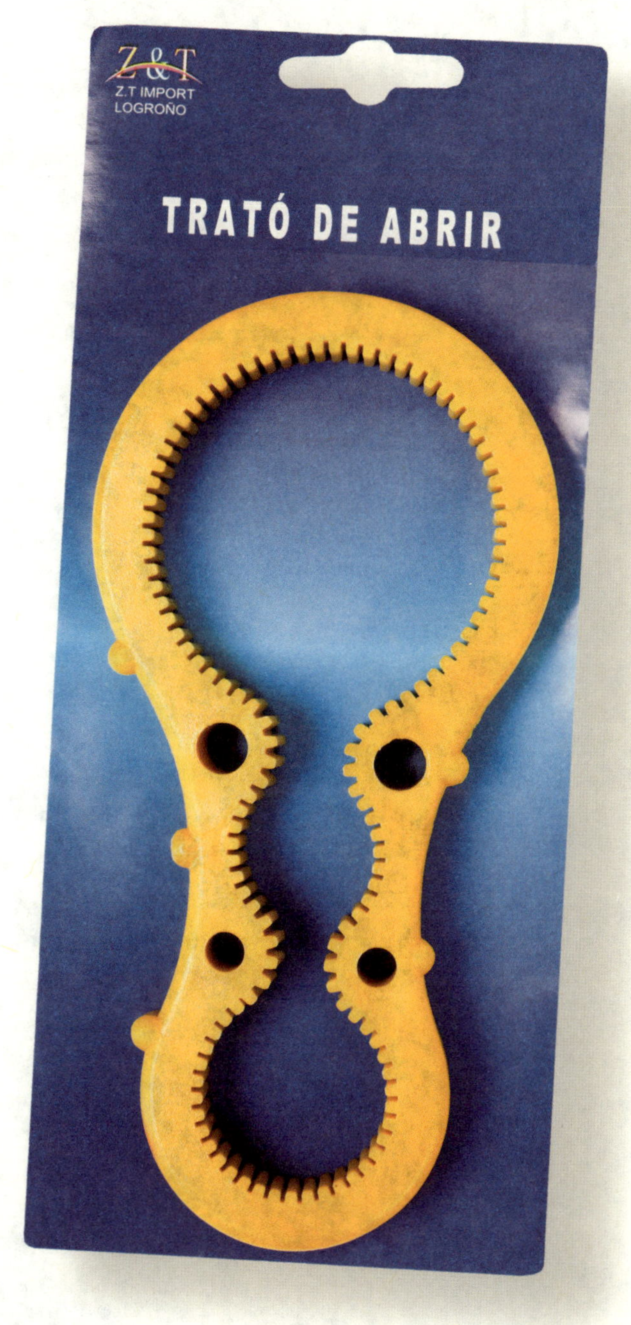
Z&T
Z.T IMPORT
LOGROÑO
TRATÓ DE ABRIR

LA CUNA KIABI

POMPA Y CIRCUNSTANCIA

EL LIBRO MANZANA

JABÓN PARA NIÑOS

JAWBREAKER

HOVER UFO

LA CONSOLA ACTION YESS

PAPÁ NOEL DECORATIVO

6

LETRAS PEQUE-ÑAS

DE LA INFANCIA

“Para divertirse no basta conjugar”

LA CUNA KIABI

Tan alta cuna que dijérase que escama

La marca *KIABI* ha comercializado unos protectores para cuna que dan mucho miedo, crispan el alma y escaman el sosiego. El manual dice textualmente: **Precauciones que debe respetarse para ligar los vínculos de vueltas de cama a los Colegios de Abogados de la cama**.

La verdad es que, si uno quiere ligar vínculos de cama con colegios de abogados, yo recomiendo que se tomen precauciones. El problema es que las precauciones que propone el manual son raras. Primero: **Hacer un doble nudo apretado con los vínculos alrededor del Colegio de Abogados**. Segundo: **No formar cierre ni de nudo que pasa que debe irse de los vínculos**. Y tercero: **No dejar vinculo no vinculado a la cama**.

Los bebés de ahora viven con un colegio de abogados atado a su cama, ¿no los estaremos sobreprotegiendo? A veces nos preocupamos tanto por dar a nuestros hijos lo que no tuvimos que olvidamos darles lo que sí tuvimos. En este caso, cunas sin colegios de abogados y sueños sin cobertura legal.

Precauciones que debe respetarse para ligar los vínculos de vueltas de cama a los Colegios de Abogados de la cama :

- Hacer un doble nudo apretado con los vínculos alrededor del Colegio de Abogados
- No formar cierre ni de nudo que pasa que debe irse de los vínculos
- No dejar vinculo no vinculado a la cama

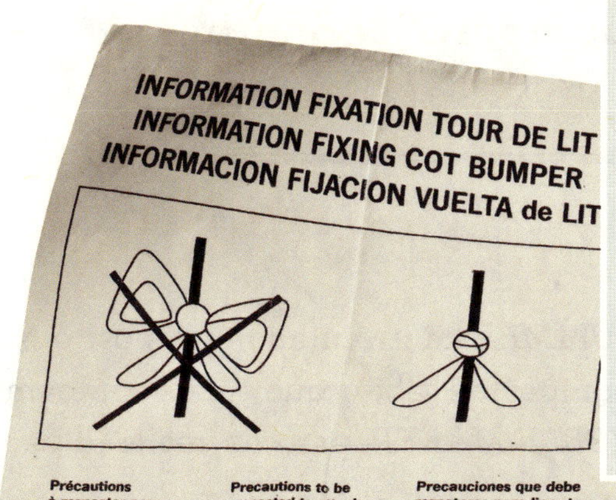

INFORMATION FIXATION TOUR DE LIT
INFORMATION FIXING COT BUMPER
INFORMACION FIJACION VUELTA de LIT

Précautions à respecter pour attacher les liens de tours de lits aux barreaux du lit :

- Faire un double nœud avec les liens autour des barreaux
- Ne pas former de boucle, ni de nœud coulant à partir des liens
- Ne pas laisser de lien non attaché au lit

Precautions to be respected to attach the bonds of cot bumper to the bars of the bed :

- To Make a double knot tightened with the bonds around the bars
- not to form loops nor slip knot starting from the bonds
- Not to leave a bond not attached to the bed

Precauciones que debe respetarse para ligar los vínculos de vueltas de cama a los Colegios de Abogados de la cama :

- Hacer un doble nudo apretado con los vínculos alrededor del Colegio de Abogados
- No formar cierre ni de nudo que pasa que debe irse de los vínculos
- No dejar vinculo no vinculado a la cama

KIABI

Esto del "colegio de abogados" puede ser debido a una mala traducción de la palabra *bar*, que puede significar "barra" pero también "el cuerpo de abogados". El origen de esta segunda acepción viene de *barrister*, que en inglés quiere decir "abogado". Un ejemplo: *She is training for the bar*. Eso quiere decir "Se está preparando para ejercer la abogacía", aunque los traductores de este manual habrían preferido "Ella está ensayando para bailar en una barra americana". Yo también lo prefiero.

POMPA Y CIRCUNSTANCIA

Porrompompero jabonero

La prestigiosa casa *SUMMER* ha inventado el depósito panzudo que gotea y hace pompas de jabón que todos estábamos esperando. Lo llaman *BUBBLE MAKER*, pero en realidad es un porrón pompero jabonero.

Se trata de un aparato de aspecto amable, aunque su manual de instrucciones nos advierte de algún que otro peligro: **Tenga cuidado al manejar a fabricante de burbuja cuando no suctioned para tapiar. La solución de la burbuja puede gotear fácilmente fuera de depósito**.

No os imaginéis este aparato en una obra con albañiles tratando de tapiar y succionar, en plena burbuja inmobiliaria, goteando todo fuera del depósito. No. El sitio del porrompompero jabonero es la bañera. Este aparato sirve para hacer pompitas de jabón mientras los niños se bañan y, según dice en las instrucciones, **está seguro hacer tiempo de baño más agradable para tanto para el bebé como el padre**. Sí, pero ¿cómo se usa? **Pruebe la fuerza de copa de succión antes del uso**. Evidentemente, las copas que han succionado los que han escrito esto estaban bastante fuertes.

NOTA: Tenga cuidado al manejar a fabricante de burbuja cuando no suctioned para tapiar. La solución de la burbuja puede gotear fácilmente fuera de depósito.

Gracias por comprar la Bath Time Bubble Maker™ de Summer Infant. Está seguro hacer tiempo de baño más agradable para tanto para el bebé como el padre. Hay un

fabricante de la burbuja. Esté que área seguro es limpia y seca completamente antes fabricante de burbuja de suctioning para tapiar. Pruebe la fuerza de copa de succión antes del uso. Empuje el poder el botón en la frente de la unidad para activar la

Me consta que la marca Summer ha corregido este manual de instrucciones, y hoy en día sabemos que todo eso de succionar y tapiar no eran más que unas malas traducciones de cómo colocar una ventosa. También sabemos que "probar la fuerza de copa de succión" consistía en comprobar la firmeza de la ventosa, y que el "fabricante de burbuja" ha sido traducido como "pompero".

EL LIBRO MANZANA

Lo último de Apple

He aquí un juguete mitad libro, mitad manzana; quizá dos de los objetos menos apetecibles para un niño.

En su caja hay consejos llenos de sabiduría oriental, tales como que las **baterias no recargables no deben de ser recargadas**. ¿Y qué pasa con las "sí recargables"? ¿Ésas sí pueden ser recargadas? ¿Cómo deben recargarse las baterías recargables? También lo dice: **Baterias recargables deben de ser recargadas bajo supervision de un adulto solamente**.

¿Un adulto solamente? Y si hay más de un adulto en la habitación, ¿qué pasa? ¿No se recargan? Lo digo porque mi padre tiene un hermano siamés y va a ser muy difícil que uno espere afuera mientras el otro supervisa las pilas.

Eso no es importante en comparación con lo que viene después. En la caja podemos leer claramente: **Bajo ambiente con descarga electrostatica, el juguete puede funcionar incorrectamente**.

Vamos a ver... Yo sé que, cuando hay tormenta, a todos nos apetece salir a leer el libro Manzana bajo un árbol, bajo una torre de alta tensión o debajo de un tendedero metálico donde hayamos puesto a secar una armadura medieval. El sueño de todo niño es salir a la tormenta eléctrica y sonreír a los rayos con su ortodoncia

nueva y el libro Manzana bajo el brazo. Eso siempre apetece, ¡pero cuidado!, porque bajo ambientes con descargas electrostáticas el juguete puede funcionar incorrectamente: "Niños, malas noticias. Están cayendo unos rayos terribles..., no podemos salir a jugar con el libro Manzana. Hala, coged una cometa y atadle una llave."

JABÓN PARA NIÑOS

Manténgase fuera del alcance de la lógica

He aquí un jabón para niños en cuya etiqueta se pide **mantener fuera del alcance de niños**.

Muy bien: ¿y cómo se me lavan las criaturas? ¿Por bluetooth? Es muy difícil que un niño de esos con las rodillas color jabalí se limpie si no está en la misma habitación que el jabón. Eso sólo sucede en el caso de los niños pirolíticos, que se autolimpian ellos solos gracias al sistema de pirólisis. Hay una leyenda urbana que dice que si reúnes un kilo de papel celofán de las cajetillas de tabaco le dan una pastilla de jabón a un niño pirolítico.

Si los señores de *INCA* han descubierto la manera de lavar niños a distancia, deberían hacerlo público. Los niños vienen de serie con una orden de alejamiento para con el jabón. Un niño es capaz de prevaricar antes que meterse en una bañera con una pastilla de jabón. Si les toca la piel les hace burbujitas, como a Satán el agua bendita. Sería fantástico que hubieran inventado una especie de wifi de la higiene. Se dejaría la botella en un lugar fuera del alcance de los niños, pero gracias a la antena que tiene el bote habría cobertura de higiene en toda la casa. El niño siempre intentaría esconderse en el único rincón sin cobertura, pero se le sacaría de ahí a escobazos o se pondría un amplificador de señal. Por cierto, sería aconsejable ponerle clave; si no, se te conectan los vecinos de todo el edificio y se ponen a lavar a sus hijos, los platos y hasta

el coche, y tú tratando de lavar a los tuyos, que tienen las orejas con más mugre que las axilas de un murciélago, y no puedes porque va superlento.

JAWBREAKER

A nadie le amarga un dulce

Un reciente estudio de una universidad americana ha demostrado que, siempre que alguien empieza diciendo "un reciente estudio de una universidad americana", a continuación dice una patraña. Sin embargo, he aquí una excepción. Un reciente estudio de una universidad americana advierte que ingerir objetos del tamaño de un picaporte puede ser perjudicial para la salud de los niños. Parece que este estudio tiene sentido. Sin embargo, existe un caramelo llamado *JAWBREAKER* que no ha querido tenerlo en cuenta.

Se trata de una bola de caramelo que tiene 6 centímetros de diámetro (más o menos como una pelota de tenis) y es más dura que una bala de cañón. Si pasamos a analizar su letra pequeña, no es de extrañar que leamos la siguiente advertencia: **Peligro que estrangula**. Es bueno que lo adviertan, lo que no tiene sentido es fabricar caramelos así. No es bueno juntar niños y estranguladores en una misma habitación, lo dice la Biblia. Más abajo te lo advierten, pero de un modo demasiado críptico: **Son caramelos muy duros y no estan adecudo para los niños jóvenes bajo 5 años de la edad**. Son muy duros, lo juro. Si caen al suelo suenan como un balón de mármol. Podríamos lanzarlos al sol y rebotarían.

Si analizamos los ingredientes del caramelo, descubrimos que contiene **acido citrico**, **aromas** y **producto para abrilantar**.

BREAKERS ÄR HÅRDA KARAMELLER OCH ÄR INTE LÄMPLIGA FÖR BARN UNDER 5 ÅR. **ADVERTENCIA:** PELIGRO QUE ESTRANGULA. JAWBREAKERS SON CARAMELOS MUY DUROS Y NO ESTAN ADECUDO PARA LOS NIÑOS JÓVENES BAJO 5 AÑOS DE LA EDAD. **ADVARSEL:** .JAWBREAKERS ER HARDE

ANTIOXIDATIONSMEDEL E321. **ESP** INGREDIENTES: DEXTROSA, AZUCAR, GOMA BASE, JARABE DE GLUCOSA, ACIDO: ACIDO CITRICO, AROMAS, PRODUCTO PARA ABRILANTAR: CERA DE CARNAUBA, COLORANTES: E104, E110, E129, E132, E133, E171, ANTIOXIDANTE E321.

No sé si es bueno echarle abrillantador a un caramelo. A éste en concreto, si le dan una manita más, lo pueden vender como bola de billar.

Creo que esta bola nació como pelota para algún deporte vasco pero la retiraron porque era demasiado dura. Después la utilizaron los antidisturbios para cargar contra los manifestantes y también la retiraron. Se utilizó como arma militar, munición aturdefieras y protección contra asteroides que amenacen con caer en la Tierra. Se retiró por peligrosa. Al final, los fabricantes convinieron hacer con ella un caramelo, ya que solamente un niño era capaz de destruirla.

HOVER UFO

El amigo de los niños con voz de pito

El *HOVER UFO* es una especie de ensaimada voladora y luminosa que se mueve por el aire con la gracia de una anguila de río. Es algo tan extraordinario y colorido que muchas personas, después de verlo, se arrancan los ojos de la cara para no tener que ver nada más. Lo hacen porque saben que cualquier imagen que puedan ver después de un *HOVER UFO* será peor. Desgraciadamente, no tenemos una foto.

¿Qué es un *HOVER UFO*?, dices mientras clavas en mi pupila tu pupila azul. ¿Qué es un *HOVER UFO*? ¿Y tú me lo preguntas? Pues verás, un *HOVER UFO* es un divertido platillo volador de papel de aluminio, inflado con helio.

Cierto que el helio es el segundo elemento más abundante del universo, pero... Ay, señora, ¿dónde encuentro yo helio a estas horas? No se preocupe. Las instrucciones del *HOVER UFO* dejan bien claro que es muy fácil de encontrar:

El helio se puede encontrar en cualquier lugar donde se venden los globos, por ejemplo, en florerías, tiendas de monopolio, plazas, parques, pulperías o super-mercados.

Por eso hay esas colas en las pulperías y florerías, porque está ahí todo el mundo comprando helio como si no hubiera un mañana. Vamos a ver, una persona buscando helio en un supermercado tiene menos oportunidades de éxito que una croqueta jugando a la Wii. Yo nunca lo he visto, aunque me encantaría. Me encantaría ver ofertas de helio en supermercados: "Hoy, dos por uno en gases monoatómicos no inflamables." "Monoatómicos a precio de biatómicos y gratis una prueba de potasio argón."

Introducción de HOVER UFO™

*El helio se puede encontrar en cualquier lugar donde se venden los globos,por ejemplo, en florerías,tiendas de monopolio, plazas, parques , pulperías o super-mercados.

LA CONSOLA ACTION YESS

El que no se consola es porque no quiere

Existe una consola de videojuegos llamada *ACTION YESS* cuyo manual de instrucciones es un viaje sin retorno.

Abrid todos los ojos de vuestro cuerpo excepto uno, porque esto no tiene desperdicio. Al principio no se entiende, pero no os preocupéis, porque trae un dibujo que tampoco se entiende. En él se ve a un niño con el pelo rizado como el de Ronald McDonald con una escopeta recortada en la mano y disparando a una caja fuerte. Bien mirado, es una imagen premonitoria de cómo acabaría Ronald McDonald si dejara de tomar la medicación.

Arriba, entre paréntesis, hay un fragmento brillante: **Las caracteristicas deben ser lo mas brillante cuando los mas brillante cuando los areas fondo deben ser lo mas obscuros**.

Es, sencillamente, brillante.

Después da una serie de advertencias. Dice, por ejemplo, que **en la ACCION sumisma.** [...] **Uds. pueden necesitar a cerrar las cortinas**.

Me parece bien. Ese tipo de acciones deben quedar en la intimidad. Todo el mundo debería cerrar las cortinas a la hora de la acción sumisma, tanto si eres el más humilde paria de la Tierra como si eres el director de un periódico diario.

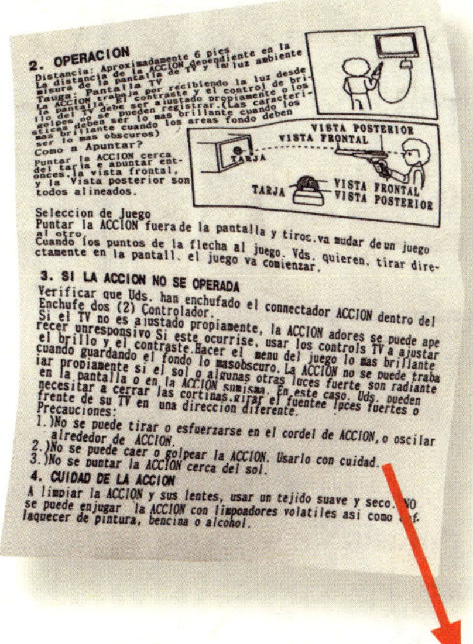

2. OPERACION

Distancia: Aproximadamente 6 pies
La distancia de la ACCION dependiente en la
misura de la pantalla de TV y la luz ambiente
Tauga: Pantalla por recibiendo la luz desde
La ACCION trabaja contraste y el control de bri-
la pantalla. El contraste y el control o los
llo del TV debe ser ajustado propiamente
golpes no se pueden registrar.(Las caracteristicas deben ser lo mas brillante cuando los
mas brillante cuando los areas fondo deben
ser lo mas obscuros)
Como a Apuntar?
Puntar la ACCION cerca
del tarja e apuntar ent-
onces.la vista frontal,
y la Vista posterior son
todos alineados.

Seleccion de Juego
Puntar la ACCION fuera de la pantalla y tiroc.va mudar de un juego
al otro.
Cuando los puntos de la flecha al juego. Vds. quieren. tirar directamente en la pantall. el juego va comienzar.

3. SI LA ACCION NO SE OPERADA

Verificar que Uds. han enchufado el connectador ACCION dentro del
Enchufe dos (2) Controlador.
Si el TV no es ajustado propiamente, la ACCION adores se puede ape
recer unresponsivo Si este ocurrise, usar los controls TV a ajustar
el brillo y el contraste.Hacer el menu del juego lo mas brillante
cuando guardando el fondo lo masobscuro. La ACCION no se puede traba
iar propiamente si el sol o algunas otras luces fuerte son radiante
en la pantalla o en la ACCION sumisma. En este caso. Uds. pueden
necesitar a cerrar las cortinas.girar el fuentee luces fuertes o
frente de su TV en una direccion diferente.
Precauciones:
1.)No se puede tirar o esfuerzarse en el cordel de ACCION,o oscilar
alrededor de ACCION.
2.)No se puede caer o golpear la ACCION. Usarlo con cuidad.
3.)No se puntar la ACCION cerca del sol.

4. CUIDAD DE LA ACCION

A limpiar la ACCION y sus lentes, usar un tejido suave y seco. NO
se puede enjugar la ACCION con limpoadores volatiles asi como
laquecer de pintura, bencina o alcohol.

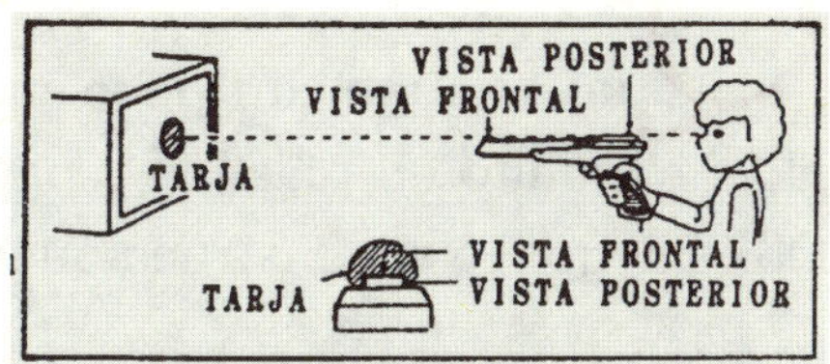

golpes no se pueden registrar.(Las caracteristicas deben ser lo mas brillante cuando los
mas brillante cuando los areas fondo deben
ser lo mas obscuros)

iar propiamente si el sol o algunas otras luces fuerte son radian
en la pantalla o en la ACCION sumisma. En este caso. Uds. pueden
necesitar a cerrar las cortinas.girar el fuentee luces fuertes o
frente de su TV en una direccion diferente.

3.)No se puntar la ACCION cerca del sol.

Si seguimos leyendo, encontramos una serie de precauciones. La más interesante es la tercera: **No se puntar la ACCION cerca del sol**.

¿Cómo de cerca del sol? ¿149.600.000 kilómetros está bien, o hay que alejarse un poco más?

No sé por qué tengo la sensación de que los niños que jugaron a esta consola durante su infancia van a terminar contándoselo a un sicólogo o a un juez. Quién sabe, a lo mejor tienen suerte y les toca Ronald McDonald como compañero de celda.

PAPÁ NOEL DECORATIVO

Felid Navidaz

Qué imagen tan poco navideña... Veo a este pobre Papá Noel envuelto en plástico y parece un cadáver en una bolsa del CSI. Luego leo sus instrucciones y es todavía peor.

Lo primero que advierten es: **Antes del uso saque Papá Noel del bolso plástico**. Normal, si se ve que no aguanta más. Yo diría que está a punto de sufrir un ataque de Santa Claustrofobia. Si seguimos leyendo, enseguida nos dan una segunda advertencia: **El bolso plástico no se da al niño o bebé, puede causar asfixiarmente**. ¿"Asfixiarmente"? No lo había oído en mi vida, ¿qué será eso? La verdad es que apetece darle el bolso plástico al bebé para descubrir qué significa.

El plástico que envuelve al Papá Noel es un arma letal de altísimo nivel, está claro, pero veamos la calidad del plástico que forma el Papá Noel en sí. El muñeco no es de tanta calidad como la bolsa. En el punto 3 leemos que **el Papá Noel se puede deshacer**. Para que eso no suceda, se aconseja **manejar suavemente palmaditas la golpea**. ¿"Palmaditas la golpea"? Tampoco sé muy bien lo que significa, pero de ahí al acoso no hay más que un paso. Se empieza con inocentes palmaditas y se acaba humillando y vejando al pobre Papá Noel. Seguimos leyendo y en el punto 8 nos advierten de que **por seguridad, cuando hace mal tiempo, debe bejar el Papá Noel desde posicion elevada**.

1. Antes del uso saque Papá Noei del bolso plástico.
2. El bolso plástico no se da al niño o bebé, puede causar asfixiarmente
3. El Papá Noel se puede deshacer,utilizar en aire libre,y manejar suavemente palmaditas la golpea
4.Su mano y la pierna pueden moverse en su voluntad
5.El pie de Papá Noel es plástico, no puede doblar en la voluntad torcido. Si tiene el alambre eléctrico, puede guardar el alambre eléctrico doblando, para evitar daños el bolso plástico.
6. Cuando pone el Papá Noel en aire libre o en una posicion elevada, asegurese la operacion
8. Por seguridad, cuando hace mal tiempo,debe bejar el Papá Noel desde posicion elevada

Aquí el único vejado es el español, que lo han vejado con "b", donde más le duele. Pero bueno, salvando esa pequeña errata, ¿cómo vejamos a un Papá Noel desde una posición elevada? ¿Haciéndole pis encima podría valer? A lo mejor ese bolso plástico que lo protege no es una bolsa sino un chubasquero.

Afortunadamente, todo alcanza una explicación en el punto número 7.

OFERTAS CON LETRA PEQUEÑA

COMO TE DIGO UNA "O" TE DIGO UNA "A"

LOS PICAPIEDRAHITA

LA ÉTICA EN LAS ETIQUETAS

SÓLO DIBUJOS

CEPILLO QUE LIMPIA COCHE

FECHAS

PANTY LYCRA

7

MISTERIOS DE LA LETRA PEQUE-ÑA

"Enigmas sin revolver"

OFERTAS CON LETRA PEQUEÑA

Lleve dos y pague tres

Es doloroso que las ofertas de los hipermercados vengan en folletos cada vez más grandes y que los buzones sigan siendo igual de pequeños. Es doloroso para los folletos, que ya no caben. Es como seguir llevando los pies en los zapatos de la primera comunión. No es sano. Esos folletos han crecido. La revista de las ofertas del Carrefour ahora mismo tiene el tamaño de un edredón doblado, y el buzón de una casa sigue siendo un buzón. El problema es que los carteros se lo han tomado como un desafío personal: "Eso lo meto ahí dentro por mis narices." Ellos lo intentan, pero es como meter una gallina dentro de un vaso de tubo. Las pobres revistas de ofertas se pliegan, se repliegan, hacen contorsionismos para caber en los buzones, y, claro, cuando metes la llave en la portezuela del buzón es como darle al contacto de un coche bomba. Sale todo a presión y de modo inesperado, como esperma de clérigo, y no hay manera de ponerse a cubierto. Por eso mucha gente no se atreve a abrir el buzón e intenta sacar la revista por la ranura. Eso tiene otro problema... El cartero te la ha metido doblada, con perdón de la expresión, y esa revistilla se ha expandido dentro de la barriga del buzón haciendo lo que los expertos llaman "el efecto Baileys con Coca-Cola". Cuando uno tira hacia afuera, la revista hace palanca hacia adentro, y como el borde del buzón está afilado cual cuchillo jamonero, la revista se despelleja toda. Esos bordes están afilados a propósito para que la revista ceda; si no, cada mañana arrancaríamos un buzón.

Revisando algunos folletos despellejados encontramos uno de una empresa de seguridad.

Si nos fijamos en la letra pequeña, veremos que la oferta es válida sólo **hasta el 31 febrero**. Eso quiere decir que es válida eternamente. He estado buscando el 31 de febrero en el calendario de los próximos diez mil años y no hay ninguno previsto.

En este otro folleto hay uno de los engaños más sutiles imaginables. Se trata de dos tipos de ensaladas de la misma marca, una es la ensalada *FLORETTE CLASSICS* y la otra es el modelo *DELUXE*.

Una cuesta 1,45€ y la otra 1,89€; y viendo las fotos, la verdad es que no sabes con cuál quedarte. Son distintas, sí, pero hay algo raro. Es como si una de ellas fuera más distinta que la otra... ¡Es la misma foto pero invertida! Se ve que el presupuesto publicitario no daba para unas lechuguillas Deluxe y decidieron darles la vuelta a las lechuguillas clásicas. Dijeron: "O invertimos en lechuguillas Deluxe —que salen a 1,89€— o invertimos la foto, que sale gratis... Propongo dar la vuelta a la foto, que es mucha mejor inversión." Ahora sólo falta saber cuál es la original y cuál la invertida. Eso nunca lo sabremos, aunque algunos expertos de ultraderecha opinan que la invertida es la que pierde aceite.

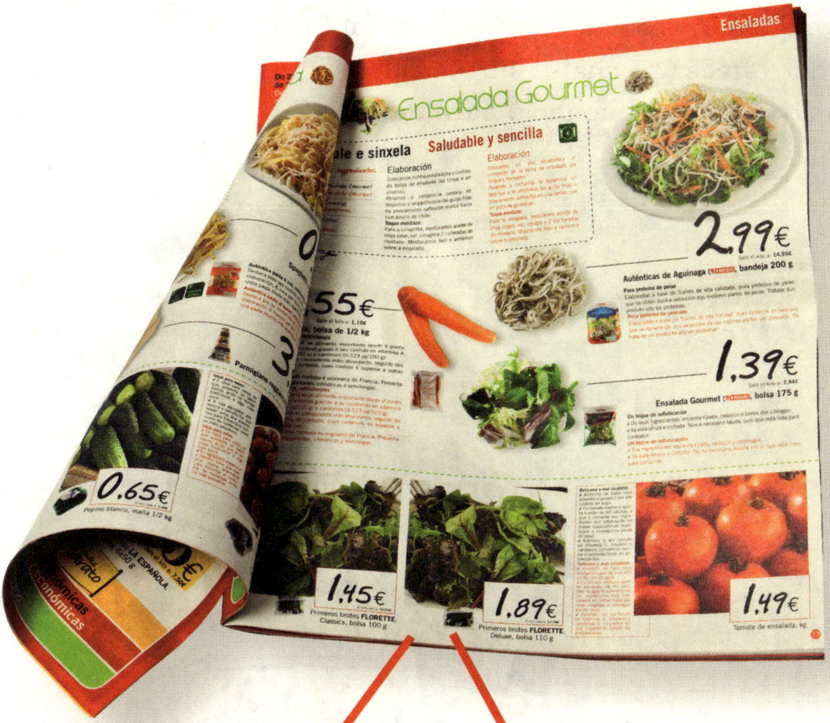
Ensaladas
Ensalada Gourmet
Saludable y sencilla
2,99€
Auténticas de Aguinaga, bandeja 200 g
1,39€
Ensalada Gourmet, bolsa 175 g
0,65€
1,45€
Primeros brotes FLORETTE, Classics, bolsa 100 g
1,89€
Primeros brotes FLORETTE, Deluxe, bolsa 110 g
1,49€
Tomate de ensalada, kg

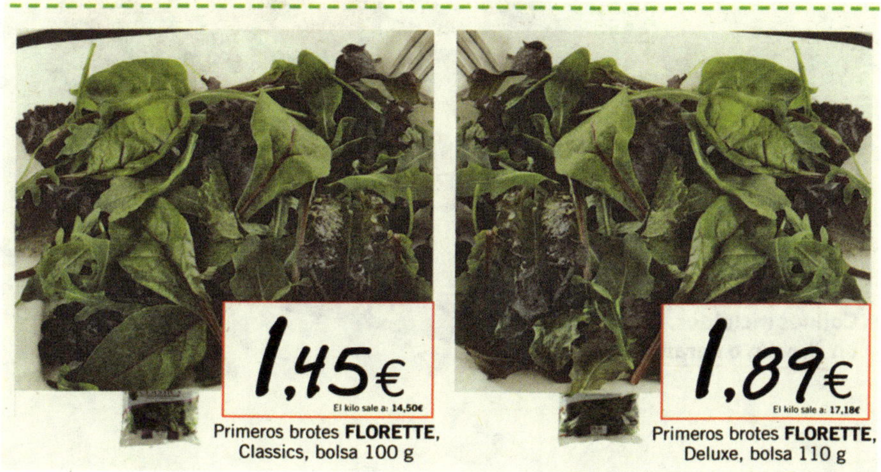

1,45€
El kilo sale a: 14,50€
Primeros brotes FLORETTE,
Classics, bolsa 100 g
1,89€
El kilo sale a: 17,18€
Primeros brotes FLORETTE,
Deluxe, bolsa 110 g

El siguiente es absolutamente inexplicable... Una tienda de muebles que ofrece una chaise longue con cojines incluidos, disponible en dos colores: **chocho o naranja**.

Menos mal que en la foto han puesto la de color naranja.

COMO TE DIGO UNA "O" TE DIGO UNA "A"

Ajo por ajo y diente por diente... de ajo

La "o" y la "a" son las dos vocales más distantes en el teclado de un ordenador. Una está a la izquierda del todo, la "a", y la otra a la derecha y arriba. Parece imposible que alguien pueda pulsar una queriendo pulsar la otra... Pues sucede. Gracias a ello encontramos muebles elegantes, como el **recibidor de madera con cojones de bambu**. Un mueble que te recibe así, con dos cojones.

Yo lo he pensado mucho, incluso lo he hablado con el propio mueble, y he llegado a la conclusión de que no es bueno tener los testículos de bambú. No es aconsejable. Un día vas al zoo a ver a los osos panda y, si ellos tienen hambre, te puedes ver envuelto en un desagradable incidente. Además, unos testículos de bambú piden una bolsa escrotal de mimbre y eso se engancha muchísimo con la ropa interior de algodón. Por no hablar de posibles enfermedades. Imagina que tienes un *affaire* con un putón verbenéreo y, ¡zas!, te pasa carcoma. Testículos apolillados ya de por vida. No se me ocurre nada peor que tener carcoma en los testículos, que si te rascas se pulverizan. La única ventaja que les veo a los testículos apolillados es que, en un momento dado, te pueden servir de palillero, pero creo que no vale la pena.

Otro ejemplo de "a" en lugar de "o" lo encontramos en la carta a domicilio del restaurante chino *NUEVA GRAN MURALLA*, en Madrid, en cuyo menú para seis personas, además del rollito primavera, el cerdo agridulce y la familia feliz, aparecen unas inesperadas **bolitas de polla fritas**. Me pregunto si este restaurante habrá recibido alguna vez llamadas de clientes decepcionados: "Oiga, ustedes prometen exóticas delicias en su carta y lo que me ha llegado a casa es una ración de vulgar y simple pollo." Seguro que sí, y no tiene que ser agradable recibir trescientas llamadas de ésas cada día. Yo me imagino al dueño, cabreado: "Todo el mundo llama para lo mismo. ¡Estoy hasta los cajones!"

Ya lo dijo el poeta: "Con los dedos de las manos, con los dedos de los pies, con el pollo y los cajones, todos suman veintitrés." Pero las confusiones entre "o" y "a" no siempre dan lugar a ordinarias historias de pollos y cajones. A veces provocan extraordinarios momentos ñoñitos, muy lindos y rayanos en la poesía, como este puré de patata (no de pototo) para cuya elaboración hay que añadir una **cucharadita de sol**.

Normalmente el sol no se sirve en cucharadas, se sirve en rayos. Eso lo sabe cualquiera que haya escuchado la canción de Los Diablos. Aunque a lo mejor en lugar de sol querían decir sal; y la sal, que es un polvito blanquecino como otro cualquiera, no se sirve en rayos sino en rayas. Eso lo sabe cualquiera que haya escuchado la canción de Los Planetas, que son unos astros que dan vueltas alrededor del sol, que no sal.

LOS PICAPIEDRAHITA

Falsificaciones en la prehistoria, cuando estaba todo por inventar y apenas había nada para plagiar

Todos hemos visto alguna vez falsificaciones como Dolce Guevara, Don Almidón o Tommy Hailhitler. La cosa consiste en variar un poco el nombre auténtico y así poder eludir la ley. Pero ¿qué pasaría si el nombre falso también existiera previamente? Pongo un ejemplo... Todos conocemos a esa encantadora familia de trogloditas llamada los Picapiedra. Bueno, pues he aquí la más inexplicable de las imitaciones: el ***DIARIO PERFUMADO*** de ***LOS PIEDRAHITA***.

Yo mismo no sé si estar orgulloso o indignado. Creo que las dos cosas. Me encanta que haya un diario perfumado con mi nombre, pero no me gustan los dibujos. Es como si los hubiera dibujado ese tío que pinta los Pikachus del Tren de la Bruja y los Bart Simpson del camión de algodón de azúcar de las ferias, que no se parecen nada a los originales. Dan como más miedo. Ese tío siempre añade un pequeño coeficiente de monstruización a sus dibujos. Por ejemplo, si intenta dibujar a Blancanieves le sale Rosario Flores, y si intenta dibujar a Rosario Flores le sale Camarón de la Isla. Es importante que este hombre conozca los mecanismos internos de su problema, es la única manera de poder actuar en consecuencia. Tío, si un día tienes que decorar una noria con Bob Esponja y el bajito de *Érase un vez el hombre*... ¡trata de pintar a Enrique San Francisco y Pablo Motos, verás como te queda perfecto!

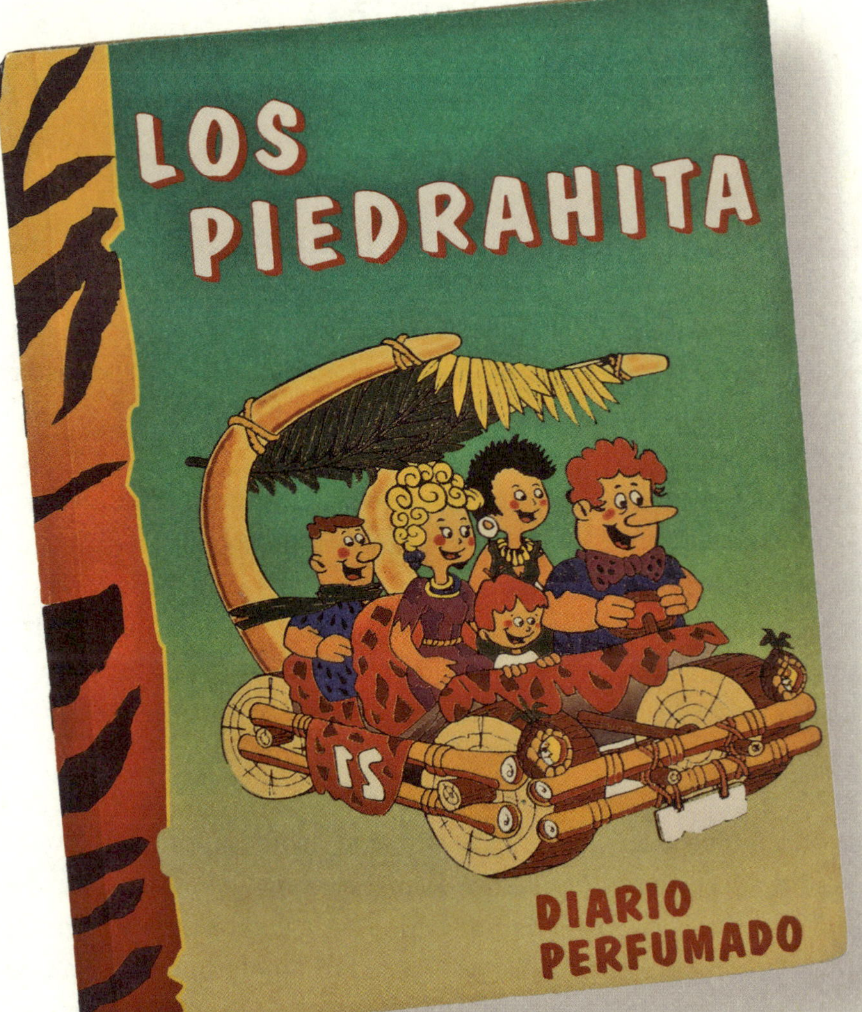
LOS PIEDRAHITA
DIARIO PERFUMADO

LA ÉTICA EN LAS ETIQUETAS

Estudios de etiquética

Las etiquetas son necesarias para la vida. Están ahí desde que nacemos hasta que morimos. Nacemos y nos ponen una en la muñeca, con nuestro peso y nuestro nombre, y cuando morimos nos ponen otra en el dedo gordo del pie con nuestro peso, nuestro nombre y el número de agujeros de bala.

A mí me encanta que me etiqueten. Yo sería feliz siendo blusa del Bershka. ¡Santo Dios, qué cantidad de etiquetas ponen ahí! Con las etiquetas de dos blusas te haces una bufanda. La mayoría de las blusas que he visto en Bershka utilizan más tela para la etiqueta que para la propia blusa. Algunas la arrastran como si fuera un traje de novia. De hecho, de ahí viene la expresión "vestir de etiqueta".

Las etiquetas, como la arena de la playa, no son ni buenas ni malas, sólo son un poco molestas. Pican, pero es llevadero. La ropa tiene etiquetas, los kiwis tienen etiquetas, a las maletas les ponen etiquetas e incluso hay aviones —esos que vuelan por encima de las playas— que llevan una etiqueta gigante detrás. No estoy seguro, pero por el tamaño de esa etiqueta yo diría que esos aviones están comprados en Bershka.

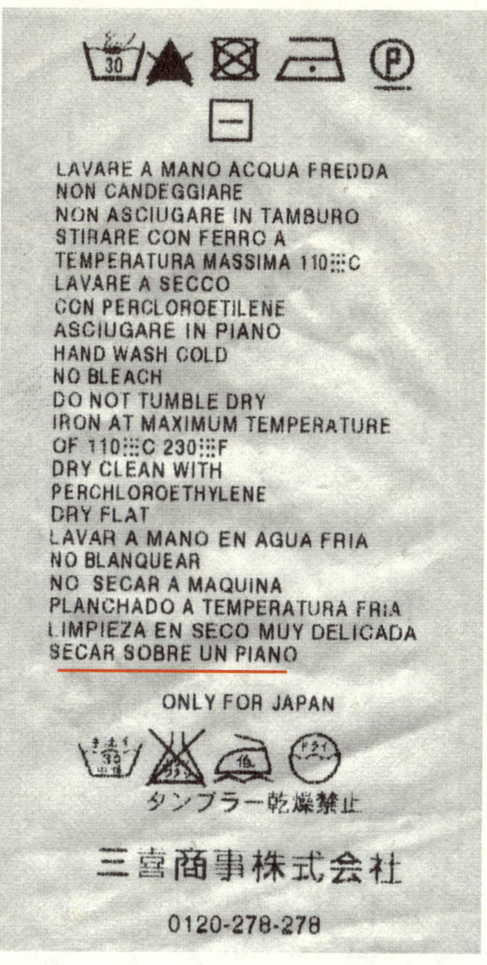

A veces las etiquetas son confusas. Existe una camiseta cuya etiqueta aconseja **secar sobre un piano**.

Habrá gente que no tenga uno en casa y tendrá que salir a la escalera a pedirlo a una vecina:

—Amelia, ¿podría usted prestarme su piano para secar esta camiseta?
—Por supuesto, pero si quieres que la camiseta se seque, no la dejes cerca del do ni del la ni del re. Déjala cerca del sol.

He aquí la etiqueta de una peluca realmente misteriosa.

Si se moja, la tienes que **secar naturalmente, no utilizar las armas**. A lo mejor hay gente que ha intentado secarse la cabeza con una ballesta, un trabuco o un lanzallamas. No es aconsejable. De hecho, al final hay una segunda advertencia aún más misteriosa. **No se inlama debajo con el temperatura de 250grado. En alrededor de 200grado se inflama en 5segundo, quemarse el piel.**

Según esta etiqueta es imposible saber qué pasa con la peluca a 225 °C. Por debajo de 250 °C no se inflama pero a 200 °C sí, en 5 segundos, y además quema la piel, o el pie, o la piel del pie, que no queda claro. Por Dios, que alguien me lo explique.

Los paraguas de la marca *RAINBOW WALKER* han escrito una nota de auxilio en su etiqueta.

La nota empieza clamando **Ayuda** y sigue con unas líneas en las que dejan claro que los paraguas también son seres de carne y hueso: **Debido a los fuertes vientos causan daños a un esqueleto de paraguas, a fin de reducir este daño, Por favor, paraguas hacia la dirección del viento**. Los paraguas tienen esqueleto, se les ve cuando mueren. A veces, cuando hay viento, las papeleras parecen fosas comunes llenas de esqueletos de paraguas. De hecho, de ahí viene la expresión "calarse hasta los huesos". Hagamos caso a esta nota de auxilio de los paraguas Rainbow Walker. Si no miramos nosotros por sus huesos, ¿quién lo va a hacer?

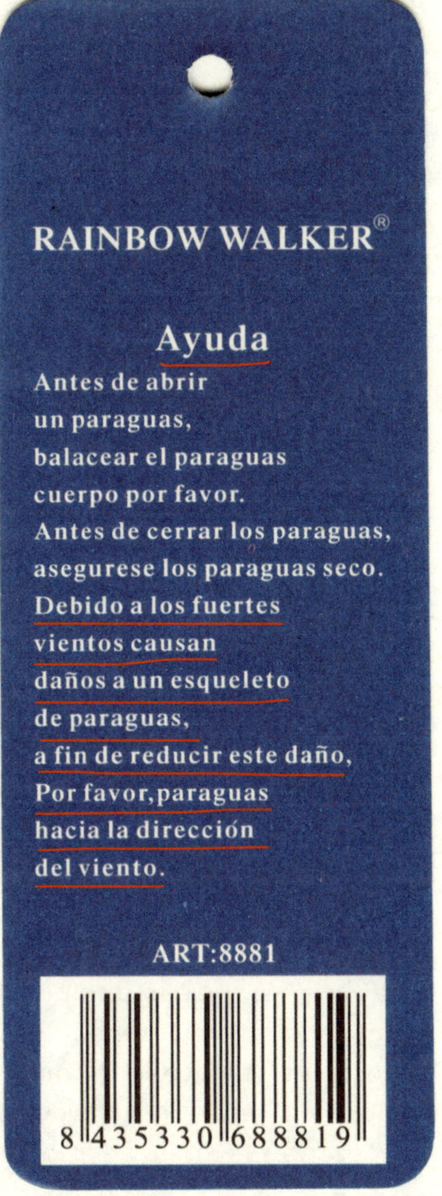

Por último, leamos la etiqueta de una almohada de la marca *ALAIZ* cuya funda interior está hecha de **tejido no tejido**.

¡Quién puede dormir tranquilo con esa contradicción en la cabeza! Toda la noche dándole vueltas a la idea...
—¿Qué será eso de tejido no tejido? Está tejido pero no está tejido... A lo mejor es que... No, eso es imposible... O puede que sea... No, tampoco...
Hasta que tu pareja te pregunta...
—Oye, ¿estás dormido?
Y tú contestas:
—Sí, estoy dormido no dormido.

ALMOHADA
ALAIZ
DOBLE FUNDA

F. INTERIOR: TEJIDO NO TEJIDO
F. EXTERIOR: 100% ALGODON
RELLENO: 100% POLIESTER
PRODUCTOS KOL, S.L.
SANGÜESA (NAVARRA)
TLFNO.:
N.I.F.: B/31/03539-7

Seguramente "tejido no tejido" sea una traducción literal de *nonwovens,* que son un tipo de telas que se fabrican formando un conglomerado de fibras que se unen por procedimientos mecánicos, térmicos o químicos, pero sin tejer. La palabra *woven* significa "tejido"; y *nonwoven,* "no tejido". Una buena manera de describir la funda de esta almohada habría sido tela no tejida o tela sin costuras.

SÓLO DIBUJOS

Una imagen vale más que mil patadas. Al menos yo lo prefiero

Cuando alguien quiere dejar algo claro lo hace con un dibujo: un señor atravesado por un rayo, un esqueleto electrificado, un león comiéndose a un turista... Son símbolos que todos reconocemos y todos sabemos lo que hay que hacer cuando los vemos. Suelen ser advertencias extremas y muy obvias. Por ejemplo, si quiere usted conservar sus pilas...

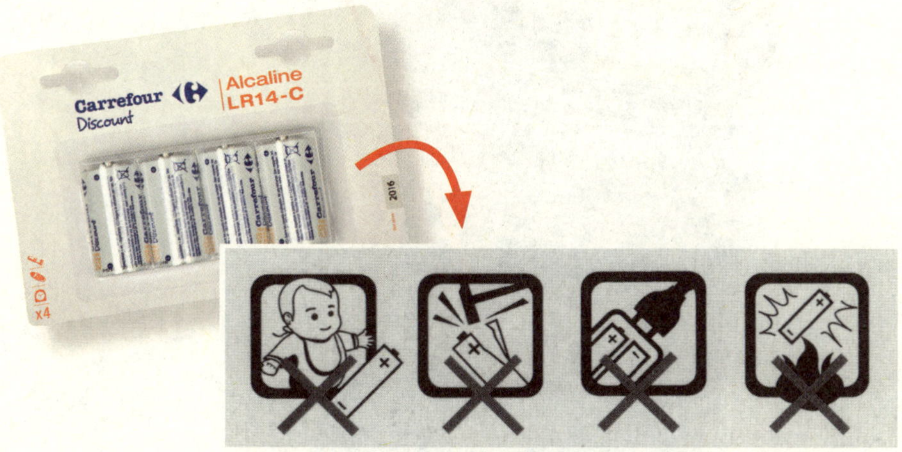

No les dé con un martillo ni las tire al fuego. Es necesario advertirlo, porque hay gente que piensa que cargar las pilas consiste en cargárselas. Sin embargo, lo más peligroso para las pilas, mucho peor que el fuego y el martillo, es lo que advierte el primer dibujo: no las deje cerca de un bebé hambriento. Eso es fatal para las pilas.

*Nº 1 en ventas
Estrella es la marca de limpiadores de hogar que mas unidades ha vendido en 2010
Estrella te lo pone fácil
SUELOS
WC
DIRECTO
DILUIDO
Trucos, consejos y mucho más en:
LIMPIADOR CON LEJÍA Y DETERGENTE
No apta para desinfección de agua de bebida

Hay advertencias que no son tan claras. Por ejemplo, las que suelen ir en la etiqueta de una botella de lejía...

Primera imagen... ¿Qué quiere decir esto? ¿No eche usted agua ni arena en un ojo gigante...? Yo no lo entiendo, pero lo comparto. La segunda imagen es todavía más inquietante: ¡no comulgar! Está claro: para mí que el ojo gigante de antes era Dios.

Tiempo ahora para la nostalgia. ¿Os acordáis de los iconos de advertencia que venían en las pegatinas de las cintas de VHS? Unos dibujitos que te decían qué cosas podías hacer con tu cinta de vídeo y qué cosas no. No use usted cintas de vídeo cuando llueva, ni cuando haga sol, ni cuando haya nubes... Vale... ¿Cuándo uso yo la cinta de vídeo? Si llueve tienes que esperar a que pase, si hace buen tiempo tienes que esperar a que pase y si hace mal tiempo también tienes que esperar a que pase. Por eso se dejaron de usar, porque pasó el tiempo.

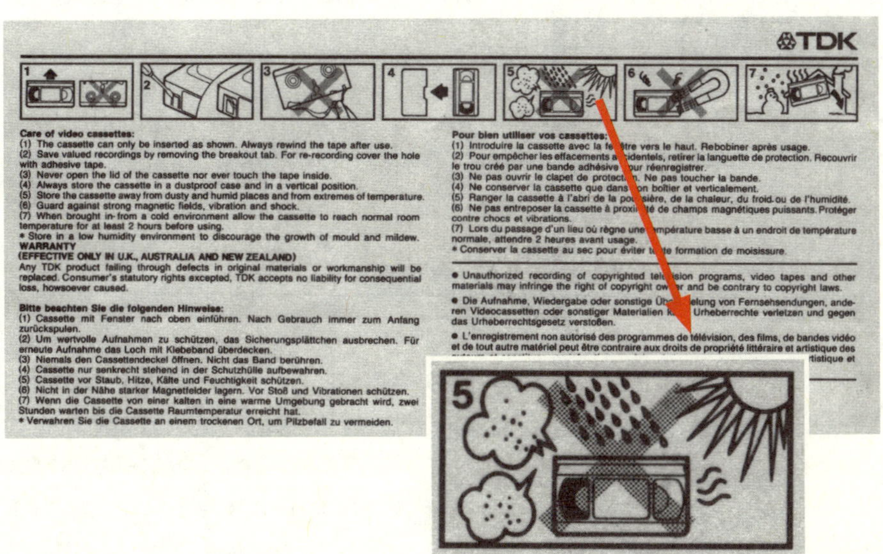

TDK

Care of video cassettes:
(1) The cassette can only be inserted as shown. Always rewind the tape after use.
(2) Save valued recordings by removing the breakout tab. For re-recording cover the hole with adhesive tape.
(3) Never open the lid of the cassette nor ever touch the tape inside.
(4) Always store the cassette in a dustproof case and in a vertical position.
(5) Store the cassette away from dusty and humid places and from extremes of temperature.
(6) Guard against strong magnetic fields, vibration and shock.
(7) When brought in-from a cold environment allow the cassette to reach normal room temperature for at least 2 hours before using.
* Store in a low humidity environment to discourage the growth of mould and mildew.

WARRANTY
(EFFECTIVE ONLY IN U.K., AUSTRALIA AND NEW ZEALAND)
Any TDK product failing through defects in original materials or workmanship will be replaced. Consumer's statutory rights excepted, TDK accepts no liability for consequential loss, howsoever caused.

Bitte beachten Sie die folgenden Hinweise:
(1) Cassette mit Fenster nach oben einführen. Nach Gebrauch immer zum Anfang zurückspulen.
(2) Um wertvolle Aufnahmen zu schützen, das Sicherungsplättchen ausbrechen. Für erneute Aufnahme das Loch mit Klebeband überdecken.
(3) Niemals den Cassettendeckel öffnen. Nicht das Band berühren.
(4) Cassette nur senkrecht stehend in der Schutzhülle aufbewahren.
(5) Cassette vor Staub, Hitze, Kälte und Feuchtigkeit schützen.
(6) Nicht in der Nähe starker Magnetfelder lagern. Vor Stoß und Vibrationen schützen.
(7) Wenn die Cassette von einer kalten in eine warme Umgebung gebracht wird, zwei Stunden warten bis die Cassette Raumtemperatur erreicht hat.
* Verwahren Sie die Cassette an einem trockenen Ort, um Pilzbefall zu vermeiden.

Pour bien utiliser vos cassettes:
(1) Introduire la cassette avec la fe[illegible]tre vers le haut. Rebobiner après usage.
(2) Pour empêcher les effacements a[illegible]identels, retirer la languette de protection. Recouvrir le trou créé par une bande adhésive [illegible]our réenregistrer.
(3) Ne pas ouvrir le clapet de protect[illegible]n. Ne pas toucher la bande.
(4) Ne conserver la cassette que dans [illegible]on boîtier et verticalement.
(5) Ranger la cassette à l'abri de la po[illegible]sière, de la chaleur, du froid ou de l'humidité.
(6) Ne pas entreposer la cassette à proxi[illegible]té de champs magnétiques puissants. Protéger contre chocs et vibrations.
(7) Lors du passage d'un lieu où règne une [illegible]mpérature basse à un endroit de température normale, attendre 2 heures avant usage.
* Conserver la cassette au sec pour éviter t[illegible]te formation de moisissure.

● Unauthorized recording of copyrighted tel[illegible]sion programs, video tapes and other materials may infringe the right of copyright ow[illegible]r and be contrary to copyright laws.

● Die Aufnahme, Wiedergabe oder sonstige Üb[illegible]elung von Fernsehsendungen, anderen Videocassetten oder sonstiger Materialien k[illegible] Urheberrechte verletzen und gegen das Urheberrechtsgesetz verstoßen.

● L'enregistrement non autorisé des programmes de télévision, des films, de bandes vidéo et de tout autre matériel peut être contraire aux droits de propriété littéraire et artistique des [illegible] rtistique et

He aquí una linterna ***LED COLOUR DISPLAY***, de la marca ***HI-SHEEN***, preparada para cualquier climatología.

Según los iconos descriptivos, esta linterna sirve para alumbrar ciervos a 150 metros, algas y a Mickey Mouse atrapado en un tejado cuando llueve.

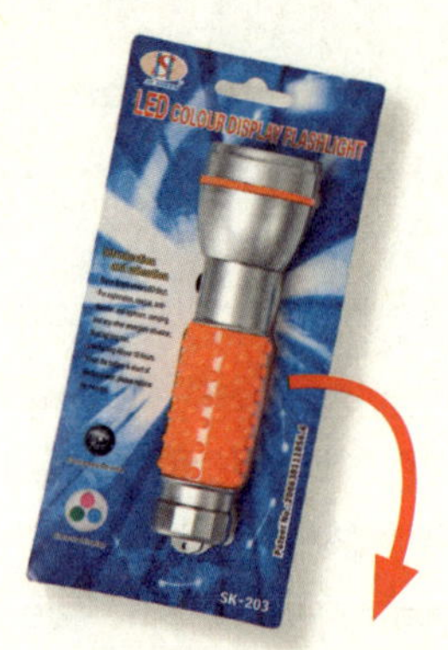

Tiene que ser horrible quedarse atrapado en un tejado disfrazado de Mickey Mouse mientras cae un chaparrón. Para empezar, los del helicóptero no bajan a ayudarte porque les da la risa. Te lo dicen con el megáfono:

—Señor..., ja, ja, ja... No podemos bajar a salvarle porque nos estamos descojonando de la risa... Ja, ja, ja... La aproximación es peligrosa y podemos..., ja, ja, ja..., sufrir un accidente. Por favor, permanezca ahí hasta que se nos pase.
—Rescátenme, por favor... Este disfraz mojado pesa una tonelada.
—Es imposible, caballero. Ja, ja, ja...

Fue imposible salvarlo. El hombre pasó la noche con el disfraz de Mickey empapado. A la mañana siguiente, el disfraz de algodón encogió y el hombre murió envasado al vacío dentro de su propio disfraz, en acto de servicio y haciendo reír, que es como el Sr. Disney hubiera querido que muriera.

Otro cartel que se ve muy a menudo en las obras de la calle es éste:

"Precaución: en esta obra puede estar Woody Allen." A veces las estrellas de Hollywood prestan su cara para distintas obras, pero suelen ser obras de caridad, no obras urbanas. Los famosos de Hollywood suelen prestar su cara para hacer anuncios. George Clooney prestó la suya a una marca de cafés y Mickey Rourke a la Granja San Francisco. Bueno, en realidad no sé a quién se la dejó Mickey Rourke, pero cuando se la devolvieron estaba como si le hubieran picado muchísimas abejas.

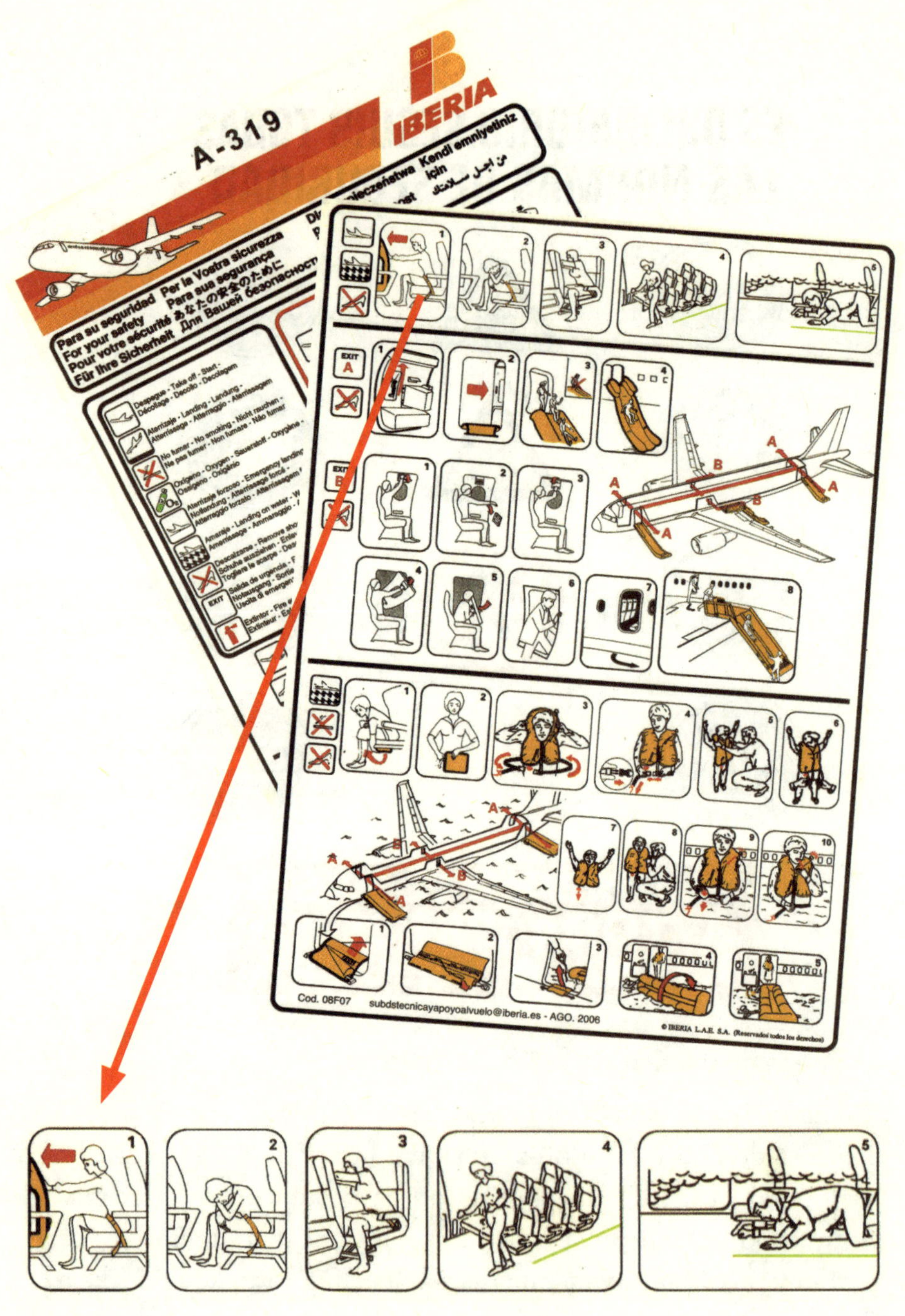

IBERIA
A-319
Para su seguridad
For your safety
Pour votre sécurité
Für Ihre Sicherheit
Per la Vostra sicurezza
Para sua segurança
Kendi emniyetiniz için
EXIT A
EXIT B
Cod. 08F07
subdstecnicayapoyoalvuelo@iberia.es - AGO. 2006
© IBERIA L.A.E. S.A. (Reservados todos los derechos)

Vayamos ahora con las indicaciones aéreas para casos de emergencia. En ellas se cuentan muchas más cosas de las que pensamos. El mejor ejemplo es la hoja de seguridad del ***AIRBUS A319*** de ***IBERIA***. Una hoja de seguridad que explica cómo actuar en caso de emergencia y en la que además, por si te aburres, también se detallan las instrucciones para jugar al escondite.

DIBUJO 1 Uno es el que queda. ¿Vale?
DIBUJO 2 Ése se tapa los ojos, cuenta hasta cien...
DIBUJO 3 ... y cuando termina, mira, dice: "Ya voy"...
DIBUJO 4 ... sale a buscar a los otros...
DIBUJO 5 ... que están escondidos cada uno por donde puede.

Dicen que una imagen vale más que mil palabras. Una calavera con dos huesos, señores atravesados con un rayo, bebés comiendo pilas, gente que echa arena y agua en los ojos de Dios, y hasta Mickey Mouse abandonado sobre un tejado... De todo esto sólo podemos extraer una enseñanza: la simbología señalética nunca es buena, mata el alma y la envenena.

CEPILLO QUE LIMPIA COCHE

Corre, corre, que cepillo

Es increíble la capacidad de las revistas de belleza para encontrar virtudes nuevas a cosas que no las tienen. Encuentran cualidades a la soja, al aloe vera, a la baba de caracol, al barro volcánico, a un musgo que crece en las encías de las morsas... Sin embargo, las revistas de belleza son unas simples aficionadas en comparación con la empresa *TAIPINGNIAO*.

Esta marca ha conseguido encontrar en un cepillo virtudes que jamás hubiéramos imaginado. El artículo se comercializa bajo el nombre de *CEPILLO QUE LIMPIA COCHE* y su caja propone consignas como: **Haga la superficie del coche brillante y brillante, justo como la pintura del cerate al principio**.

Lo de "brillante y brillante" lo entiendo. No han encontrado un sinónimo mejor y han vuelto a poner la propia palabra. Pero... ¿qué es un cerate? ¿Dónde viven los cerates? ¿Sufre de estreñimiento el cerate?

¿Tiene cuernos? A lo mejor tiene un cuerno en la nariz y bigote, como el que le ha salido al coche de la foto. Pero entonces, si el cerate tiene cuernos en la nariz... ¿no debería llamarse "rinocerate"? ¡Santo Dios, no sabemos nada de los cerates! No sabemos si su carácter es afable porque desayunan fibra todas las mañanas o si son hostiles porque sufren de estreñimiento. No sabemos nada de los cerates. Sólo sabemos que tienen la superficie brillante y brillante, pero ¿qué comen? ¿Son carnívoros? ¿Son herbívoros? ¿Comen arroz? Seguro que comen arroz Brillante y son hostiles porque sufren de estreñimiento. Y si son hostiles..., que Dios nos asista.

El Cepillo que Limpia coche no sólo hace que nuestro coche sea brillante como un cerate sino que, si seguimos leyendo, tiene nuevas virtudes, como que **puede ser usado en la sequedad, como el agua no es necesaria**. Un momento, un momento... ¡Cómo que el agua no es necesaria! No sé quién habrá escrito esto, pero yo lo dejaría en pleno agosto en medio de Castilla-La Mancha con una bolsa de polvorones, una pistola y una bala, a ver qué hace.

El texto sigue tal que así: **Y textil suave de algodón y fibroso y ambos ¡Vale!** Pues vale, ¿qué quieres que te diga?

Si seguimos leyendo, nos encontramos con esta sugerencia: **Usted no será la molestia de limpieza y pintura de su coche querido con frecuencia por usando nuestro cepillo**. Nadie quiere ser la molestia de limpieza de su coche querido. El coche querido es muy querido por el hombre, es casi como una amante. Se le mima y se le conceden caprichitos... Yo he visto hombres que leen revistas de coches desnudos. Hay quien quiere tanto a su coche que le pone un piso, o una plaza de garaje, que es peor. Si miras el precio del metro cuadrado sale mucho más caro.

Las instrucciones del cepillo también dan consejos para la vida: **Limpie la casa convenientemente y con eficacia**. Así, sin más.

Es interesante tener la casa limpia y ordenada por si algún día se queda un coche a dormir.

Y la retahíla sigue con más virtudes del cepillo, como: **Más a menudo usted lo usa, más eficaz**; o: **El efecto dura y duradero**. Y la más inquietante: **Si usted tiene algo que usted puede ponerse en contacto con nosotros**. Hombre, yo también prefiero tener algo que ponerme si voy a estar en contacto con los cerates. Más que nada porque desnudo me da cosa.

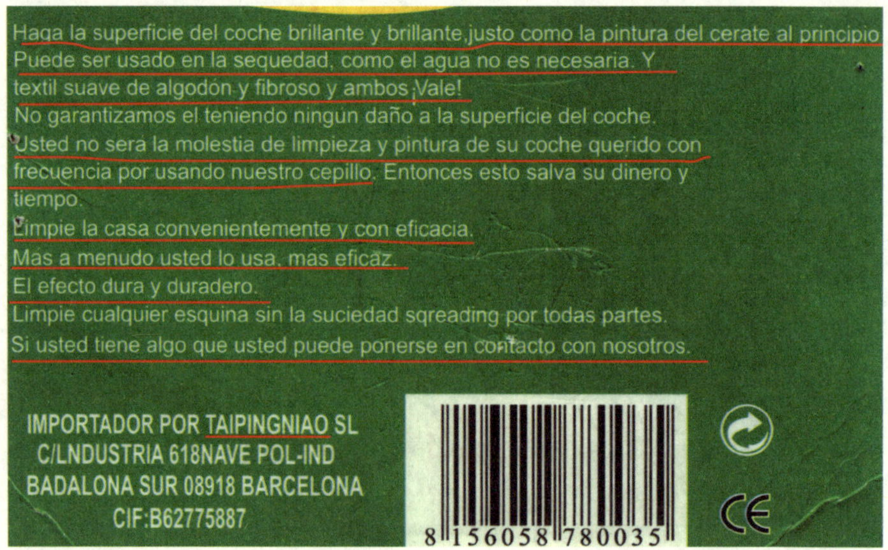

Quizá el cerate sea una oscura criatura infernal que venga del averno a llevarse a los hombres que engañan a sus coches. Una bestia hostil y estreñida, con un cuerno en la nariz y un bigote debajo. Quizá, a partir de ahora, el número de la bestia deje de ser el 666 y pase a ser el 8888, la matrícula del cerate.

FECHAS

Días que no llegaron a ver la luz del día

El tiempo es como el dinero: se puede perder, se puede invertir y se puede prestar a un amigo, pero ¿se puede robar? ¿Podría alguien conseguir unos minutos, unas horas o un fin de semana a punta de pistola? Yo creo que sí. Vamos, seguro. Si uno anda por ahí buscando el tiempo a punta de pistola, lo más probable es que le acaben decretando varios años y un día.

Uno de los mayores desfalcos de todos los tiempos fue el que dio el papa Gregorio en el año 1582 cuando, para ajustar los calendarios, hizo que la gente se fuera a la cama un 4 de octubre para levantarse el día 15. ¡Toma recorte presupuestario! 10 días que desaparecieron del calendario porque sí. Eso fue hace mucho tiempo, ya lo sé, pero hoy en día sigue habiendo gente sisando de los calendarios. Hay fechas que están desapareciendo y días que están siendo robados. He aquí un calendario auténtico del año 2009, gentileza de la cadena hotelera ***PLAYA SENATOR***, donde alguien se ha robado el día 12 de febrero.

Pasa directamente del 11 al 13. ¡Cómo se les ocurre robarle un día a febrero, que ya es el más corto de todos! ¡Si le quitas días se va a notar! Es la costumbre, siempre se roba al que menos tiene.

Tal vez hubo un tiempo en el que febrero era un mes lleno de días, como julio, agosto y octubre. He aquí un testimonio real que lo prueba. Los buñuelos prefritos de *LA MAMA DOLORES*, que caducan el 31 de febrero. ¿Dónde quedó ese febrero fornido y pletórico de 31 días? Se durmió en los laureles y durante esa siesta bisiesta le han robado hasta el reintegro.

En vez de ponerle a un producto una fecha de caducidad que no existe, es mucho más elegante lo que hacen los chinos. He aquí unos palillos hurgadientes de la marca *YIYANG* que no tienen fecha de caducidad.

¡Pues claro! ¡Cómo van a caducar! ¡Son de madera! Es como decir que no explotan, que no necesitan pilas, o que no contienen colesterol.

Los chinos lo ponen porque saben que la no caducidad siempre nos seduce. En eso se basa el atractivo del brazo de Santa Teresa, que, entre nosotros, aunque sea incorrupto no le vendría mal un poco de desodorante. Ese brazo lo ves ahora y parece que está hecho de la carnecilla que queda en los palillos de dientes después de usarlos.

El tiempo, vaya tema. A mí me encantaría estudiarlo, pero es que no tengo tiempo y, gracias a Dios, el tiempo no se ofende. Él pasa.

PANTY LYCRA

Cuando se corrige a medias

La letra pequeña a veces es escurridiza y negrita como el ano de las anguilas. No obstante, si esa anguila es eléctrica, puede que haya luz al final del túnel. Hace varios años encontré una cajita de medias con una letra pequeña, negrita y dudosa, escrita con sinceridad atroz: **Este Panty de Alta Calidad, en su proceso de manipulación a sido seleccionado como segunda (saldo)**.

Sólo faltaba decir: "y como ha sido considerado de segunda, hemos escrito 'ha sido' sin 'h' y así nos la ahorramos." Era un hallazgo fantástico. Después aparecieron la cajita de Carmex con el esperma de ballena y la tarrinita de salsa barbacoa con el aroma de humo. En ese momento nació este libro. Después aparecieron muchas más cosas y la gente me envió todavía más. Pero ¿cuál es el final de la historia?

En marzo de 2012, cuatro años después del hallazgo de aquella primera cajita de medias, me encontré con el mismo producto en una tienda. Habían pasado muchos años y cogí la nueva cajita como para recordar viejos tiempos. Cuál no sería mi sorpresa al comprobar que el texto había variado. Ahora decía: **Este Panty de Alta Calidad, en su proceso de manipulación ha sido seleccionado como segunda (saldo)**. ¡Habían añadido la "h"!

Arriba a la izquierda, ahora se lee claramente **faricado en España**. La intención es buena. Han añadido la "h" y tengo la seguridad de que, cuando pasen los años, en algún lugar al final del tiempo, me encontraré de nuevo cara a cara con esa cajita y le habrán añadido la "b" a "fabricado". A lo mejor no se la han puesto porque aún no están seguros de si es con "b" o con "v".

Sí, puede que haya luz al final del túnel.

EL EQUIPO

Luis Piedrahita, Marta Botas, Ximena Feijoo, Mia Men y Nines Mínguez